일상을 아름답게 장식하는 꽃 도감
BEAUTIFYING LIFE WITH FLOWERS

마스다 유키코 지음 | 배혜영 옮김

MESSAGE
꽃을 통해 아름다운 삶을 즐겨 볼까요?

평소 밋밋하던 식탁에 꽃 장식 하나만 더했을 뿐인데, 공간이 화사하게 바뀐 경험을 해 본 적이 있나요? 좋아하는 꽃, 계절에 어울리는 꽃, 근사한 초록 식물을 일상에 더하는 것만으로도 매일 보던 풍경이 다르게 보일 수 있고, 마음에 위안을 주기도 합니다. 꽃이 있는 생활을 거듭하다 보면 변화하는 계절을 즐기게 되고, 하루하루를 품위 있고 아름답게 보내는 감성도 길러집니다.

이 책에서 소개하는 40종의 꽃은 어디서나 찾기 쉬운 흔한 꽃들입니다. 특별하지는 않지만 계절이 돌아올 때마다 제가 장식하고 싶은 꽃으로 골랐습니다. 꽃에 관한 지식이 깊어지고, 자신만의 스타일로 생활에 꽃을 들이는 계기가 된다면 기쁠 것 같습니다.

마스다 유키코

Contents

2   **Message**
    꽃을 통해 아름다운 삶을 즐겨 볼까요?

70 **Column** gathering garden tea party
    스몰 개더링

6   **01 Viola / Pansy**
        비올라 / 팬지

10   **02 Mimosa**
        미모사

14   **03 Ranunculus**
        라넌큘러스

18, 20 **04 Christmas rose**
        크리스마스 로즈

19, 21 **05 Muscari**
        무스카리

22   **06 Tulip**
        튤립

26   **07 Japanese cherry**
        벚나무

30, 32 **08 Forget-me-not**
        물망초

31, 33 **09 Flowering dogwood**
        꽃산딸나무

34   **10 Marguerite**
        마거리트

38   **11 Lilac**
        라일락

42, 44 **12 Queen anne's lace**
        아미

43, 45 **13 Delphinium**
        델피니움

46   **14 English rose**
        잉글리시 로즈

50   **15 Peony**
        작약

54, 56 **16 Lily of the valley**
        은방울꽃

55, 57 **17 Mock orange**
        고광나무

58   **18 Hydrangea**
        수국

62, 64 **19 Astrantia**
        아스트란티아

63, 65 **20 Common gardenia**
        치자나무

*화재(花材, 꽃 재료)에 관한 정보는 모두 2017년 2월 기준으로 작성되었습니다.
*필요에 따라 품종명을 적은 화재도 있습니다. 품종에 따라서는 이후에 유통되지 않을 가능성도 있습니다.

66, 68	**21** VIBURNUM SNOWBALL 비부르눔 스노우볼		99, 101	**31** BLUSHING BRIDE 세루리아
67, 69	**22** VINE 덩굴성 식물		102, 104	**32** SYMPHORICARPOS 심포리카르포스
74	**23** EUSTOMA 꽃도라지		103, 105	**33** CHOCOLATE COSMOS 초콜릿코스모스
78	**24** HERB 허브		106	**34** MINAZUKI 단풍 미나즈키
82	**25** BERRY 베리류		108, 110	**35** JAPANESE ROWAN 마가목
86, 88	**26** SMOKE TREE 안개나무		109, 111	**36** FRUIT 열매 소재
87, 89	**27** FLANNEL FLOWER 플란넬 플라워		112	**37** EUCALYPTUS 유칼립투스
90	**28** COSMOS 코스모스		116	**38** POPPY 포피
94	**29** DAHLIA 다알리아		120	**39** HYACINTH 히아신스
98, 100	**30** SCABIOUS 스카비오사		124	**40** NARCISSUS 수선화

*'유통 시기', '절화(切花, 꽃자루, 꽃대 또는 가지를 잘라서 꽃꽂이 등에 이용하는 꽃) 수명'은 일본의 기준입니다.
  지역이나 날씨, 기온, 그해의 조건 등에 따라 달라집니다.
*등장하는 꽃 이름은 국가표준식물목록을 참고하여 친숙한 영명·국명·학명·속명·별칭 등을 선별해 기재했습니다.

01
비올라 / 팬지
VIOLA/PANSY

팬지　a 마리나 Marina / b 파름 Parme / c 샤론 Sharon / d 마린 Marine
비올라　e 블루 옐로 Blue Yellow

팬지 f 파름Parme / g 샤론 뮬Sharon Mûre / h, j, l 샤론Sharon / i 마리나Marina / k 애프리콧 셰이드Apricot Shades
비올라 m 블루 옐로Blue Yellow / n 블루 화이트Blue White

01 비올라 / 팬지
Viola / Pansy

Data 과명 제비꽃과 | 원산지 유럽, 서아시아
풀길이 15~50cm | 꽃 지름 1~5cm
유통 시기 1~3월, 11~12월 | 절화 수명 3~6일

늦가을부터 늦봄까지 화단과 화분에서 자주 볼 수 있는 친숙한 화초입니다. 본래는 낮은 곳에서 아담하게 피지만, 절화(자른 꽃)에서는 길이가 긴 품종이 늘고 있습니다. 원래 팬지는 유럽에 자생하는 '비올라 트리콜로르Viola Tricolore'라는 원종을 원예종(소규모로 재배할 수 있는 화훼, 채소, 과수류의 품종)으로 다양하게 개량한 것입니다. 이름은 꽃의 모습이 생각에 잠긴 사람을 연상시킨다고 해서 프랑스어 '팡세(pensée, 생각하다·사고하다)'에서 유래했습니다.

꽃 크기로 구별 비올라와 팬지는 식물학상으로도 동일하고, 근래에는 교배와 품종 개량이 활발히 이루어져 더 구별하기 어려워졌다. 일반적으로 꽃의 지름이 3cm 미만이면 비올라라고 부르고, 3cm 이상이면 팬지라고 부른다. 절화뿐 아니라 분화(화분에 심어 놓은 꽃)를 잘라서 장식해도 즐겁다.

다채로운 꽃 색상과 색조가 매력 A : 단색 꽃은 대부분 중심점이 노랗다. B : 꽃잎 가장자리에 프릴이 들어간 대륜(꽃송이가 큰 것) 겹꽃형의 샤론Sharon. C : 꽃 중심에 잉크를 떨어뜨린 듯한 블라치(blotch, 색의 번짐)는 팬지 특유의 모습이다. D : 농담의 그러데이션이 아름다운 품종이다.

다루는 법 Point

불필요한 잎 제거 물에 잠기는 불필요한 잎 등은 가위로 줄기 밑동에서 자른다. 줄기는 쉽게 꺾이므로 조심히 다룬다.

개화하는 봉오리 물올림이 좋다. 스프레이 타입(한 줄기에 꽃이 여러 송이 자라는 타입)에 달린 봉오리도 개화한다. 다 핀 꽃은 줄기 밑동에서 자르면 보기가 좋다.

다양하게 즐기는 법

BOUQUET & IDEA　　왼쪽/보라색의 농담 차이를 즐길 수 있는 비올라와 팬지의 소박한 꽃다발입니다. 잎이 짙은 녹색이므로 부드러운 녹색의 꽃을 더해서 봄다운 경쾌함을 연출합니다.
사용한 꽃 / 팬지, 비올라, 비부르눔 스노우볼Viburnum Snowball, 콩꽃Beans Flower
오른쪽 2점/팬지 꽃을 손으로 가볍게 펼치고 선반 위쪽 등에 놓아서 자연스럽게 말립니다. 드라이플라워가 되는 과정도 즐길 수 있고, 말린 뒤에도 부드러운 운치가 남습니다.

02
미모사
MIMOSA

은엽아카시아 Cootamundra Wattle

버들잎아카시아 Swamp Wattle

02 미모사
MIMOSA

> **DATA** | 과명 콩과 | 원산지 오스트레일리아
> 가지 길이 80~120cm | 꽃이삭 길이 약 5cm
> 유통 시기 1~3월, 11~12월 | 절화 수명 3~5일

2~3월에 축 늘어진 가지에 선명한 노란색 잔꽃을 한가득 피우는 미모사는 유럽에서 봄을 알리는 꽃으로 사랑받고 있습니다. 프랑스에서는 매년 미모사 축제가 열리고, 이탈리아에서도 세계 여성의 날(3월 8일)에 남성이 여성에게 감사하는 마음을 담아 미모사를 선물한다고 합니다. 프랑스에서 일반적인 '데알바타아카시아Silver Wattle'의 영명이 미모사이기 때문에 아카시아 무리를 총칭해서 미모사라고 부르게 되었습니다.

A B C

주로 유통되는 품종 A : 일본에서 유통량이 가장 많은 은엽아카시아Cootamundra Wattle. 미모사라고 하면 이 품종을 가리킨다. B : 꽃의 절정이 지난 은엽아카시아. 보랏빛을 띤 잎은 새싹이다. C : 이름처럼 삼각형의 작은 잎이 수직으로 붙는 삼각잎아카시아Knife-leaf Wattle. 풍성하게 핀 둥근 잔꽃과의 대비가 아름답다.

드라이플라워로 즐기기 생화 상태에서 리스 등으로 만들어 장식해 두면 자연스럽게 드라이플라워가 된다. 다소 칙칙한 노란색으로 변하지만 장기간 빛깔이 바래지 않는다.

다루는 법 POINT

구입 시에는 개화한 가지 고르기 봉오리는 개화하지 않는 경우가 많으므로 제대로 개화한 꽃을 구입하고, 절화 영양제를 사용하면 좋다. 물올림은 좋지만 난방 등으로 온풍이 닿으면 꽃이 시드니 주의한다.

꽃이 한층 돋보이는 작은 수고 미모사 중에서도 은엽아카시아는 꽃 사이에 짧은 잎이 빽빽이 달려 있으므로 불필요한 잎은 손으로 제거한다.

꽃가루에 주의 꽃가루가 잘 떨어지고, 천 소파 등에 묻으면 없앨 수 없으니 주의하여 장식할 장소를 고른다. 바닥 등에 떨어지면 접착테이프로 제거한다.

> **MEMO**
> 일본에서 일반적으로 미모사라고 불리는 은엽아카시아는 잎 색깔이 아름다운 은회색이므로 꽃이 없는 시기(주로 10~12월)에는 가지 소재로 유통된다. 유럽에서 사랑받는 미모사 향수의 원료가 되는 것은 프랑스에서 가장 일반적인 데알바타아카시아다. 꽃에 꿀과 아몬드 밀크를 더한 듯한 좋은 향이 난다. 미모사의 꽃말은 '풍부한 감수성', '우정' 등이다.

다양하게 즐기는 법

WREATH

ARRANGEMENT

활짝 핀 미모사만으로 만든 심플한 리스입니다. 리스 베이스를 사용해 완성 모양을 염두에 두고 와이어로 고정했습니다. 만들기에 앞서 불필요한 잎을 세심히 제거하면(12쪽 다루는 법 POINT 참조) 더욱 아름답게 만들어집니다. 폭신한 노란색 잔꽃이 봄빛 알갱이 같습니다.

사용한 꽃 / 미모사(은엽아카시아Cootamundra Wattle)

버들잎처럼 가늘고 긴 잎이 특징인 버들잎아카시아만을 바구니에 넣어서 청초한 풍치를 즐겨 보세요. 바구니에 물을 담은 빈 병을 넣고 버들잎아카시아를 방사형으로 퍼지게 꽂습니다.

사용한 꽃 / 미모사(버들잎아카시아Swamp Wattle)

03
라넌큘러스
Ranunculus

a 조생(다른 종에 비해 개화 시기가 이른 조생종) / b 스피릿 화이트Spirit White / c 세낭크Senanque / d, f 페랑Ferrand / e 아이노시라베베藍の調べ / g 엠 블루M Blue / h 타소스Thasos / i 사르트Sarthe / j 에미笑美 / k 소피아Sophia / l M 피치M Peach / m 샤우엔Chaouen / n 명칭 미정 / o 사누아Sannois / p 쇼몽Chaumont

q 이드리스Idriss / r 세티Seti / s 아리아드네Ariadne / t 샬럿 오렌지Charlotte Orange / u 샬럿 핑크Charlotte Pink

03 라넌큘러스
Ranunculus

DATA	**과명** 미나리아재비과 | **원산지** 동유럽, 남유럽, 서아시아 **풀길이** 30~60cm | **꽃 지름** 5~13cm 이상 **유통 시기** 1~5월, 10~12월 | **절화 수명** 1~2주일

라넌큘러스는 라틴어로 개구리를 의미하는 'rana'를 어원으로 합니다. 잎이 개구리 다리를 닮았기 때문이라고도 하고, 많은 품종이 습지에 자생하기 때문이라고도 합니다. 겹꽃형이 주류지만 원종은 5장의 꽃잎으로 이뤄진 홑꽃형입니다. 겹꽃형의 수많은 꽃잎은 수술이 꽃잎으로 변한 것으로 100장 이상 됩니다. 속이 비칠 듯한 얇은 꽃잎이 가득한 작은 봉오리가 벌어지기 시작해 활짝 필 때까지 역동적으로 변화합니다. 꽃 색상은 더 다채롭게, 꽃 사이즈는 더 크게…, 앞으로의 진화가 기대되는 알뿌리 꽃입니다.

5단계의 꽃 사이즈 같은 품종이라도 등급이 나뉘어 출하된다. 꽃 지름이 8cm 이하이면 '셀렉트', 9cm 미만은 '슈퍼', 9cm 이상은 '카르노', 11cm 이상은 '론', 13cm 이상의 초대륜은 '슈퍼 론'. 사진의 품종은 기라메키煌.

다양한 색상과 화형(花形, 꽃 모양) A : 쪼글쪼글한 꽃잎이 개성적인 모로코 계통의 에르푸드 Erfoud. B : 프릴형 꽃잎이 겹쳐 있는 샬럿 핑크 Charlotte Pink. C : 꽃잎이 안으로 말린 사르트 Sarthe. D : 꽃잎이 물결치는 화려한 스피릿 로즈 Spirit Rose. E : 꽃잎에 스폿(spot, 작은 반점)이 들어간 오를레앙 Orléans. F : 꽃잎이 끊겨 있는 재미있는 형태(품종 불문)이다. G : 꽃 중앙이 솟아올라 피는 바스티유 Bastille. H : 꽃잎 앞뒤 색깔이 다른 세낭크 Senanque. I : 산뜻한 향이 매력인 시바스 Sivas. J : 꽃잎에 광택이 있는 랙스 계통의 디오네 Dione.

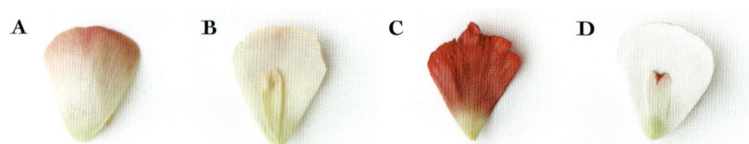

꽃잎의 표정에도 주목 꽃 색상도 풍부하지만 꽃잎의 색상과 형태도 가지각색이다. A, B : 꽃잎 한 장의 앞면(A)과 뒷면(B)의 색깔이 다르다. 타소스 Thasos. C : 꽃잎 가장자리가 프릴 형태다. 샬럿 오렌지 Charlotte Orange. D : 꽃잎 한 장마다 색깔이 들어간 작은 반점이 있고 개화함에 따라 두드러진다. 오를레앙 Orléans.

다루는 법 POINT

물이 마르지 않게 주의 물올림이 좋다. 줄기가 썩기 쉬우니 얕은 물에 꽂되 물을 좋아하므로 물이 마르지 않게 주의한다. 잎은 마르기 쉬우므로 제거하는 편이 낫다. 또 물이 오염되면 줄기가 꺾일 수 있으니 물을 청결하게 유지한다.

다양하게 즐기는 법
Arrangement

Arrangement

분홍색과 살구색에서 보라색으로, 꽃을 한 송이씩 꽂고 흰색과 녹색을 섞으면서 색의 그러데이션을 즐깁니다. 꽃의 형태가 다른 꽃을 골라 분위기에도 변화를 주었습니다. 날씬한 줄기가 쭉 뻗어서 유쾌해 보입니다.

사용한 꽃 / 라넌큘러스 8종(에미笑美, 쇼몽Chaumont, 이드리스Idriss, 세티Seti, 아이노시라베藍の調べ 등), 스카비오사Scabious, 비부르눔 스노우볼Viburnum Snowball

풍만하게 피는 흰색의 큰 꽃송이를 사치스럽게 상자에 가득 채워 봅니다. 우아하면서도 어딘가 산뜻해 보이는 이유는 흰색과 녹색의 배색 덕분입니다. 선물용으로도 환영받습니다.

사용한 화재(꽃 재료) / 라넌큘러스 4종(와타보시綿帽子, 스피릿 화이트Spirit White, 포므롤Pomerol, 쇼몽Chaumont), 장미Rose, 브루니아Brunia, 와이어 플랜트Wire Plant

04
크리스마스 로즈
CHRISTMAS ROSE

a

b

c

05
무스카리
MUSCARI

a 아르메니아쿰 Armeniacum / b 블루 매직 Blue Magic / c 화이트 매직 White Magic

04 크리스마스 로즈
CHRISTMAS ROSE

DATA	과명 미나리아재비과	원산지 유럽, 지중해 연안, 서남아시아
	풀길이 10~60cm	꽃 지름 3~6cm
	유통 시기 1~6월, 10~12월	절화 수명 10~15일

크리스마스 무렵부터 피는 흰색 홑꽃형의 원종 '니게르Niger'에 붙은 통칭인 '크리스마스 로즈'가 널리 퍼져 현재는 같은 헬레보루스속의 꽃을 총칭하는 이름이 되었습니다. 원예 애호가에 의해 교배와 육종(생물이 가진 유전적 성질을 이용해 새로운 품종을 만들거나 기존 품종을 개량하는 일)이 활발히 이루어져 다양한 품종이 만들어졌으나, 절화의 주류는 '오리엔탈리스Orientalis'라고 부르는 원예종과 원종 '포이티두스Foetidus' 등입니다.

꽃잎이 아니라 꽃받침 꽃잎처럼 보이는 부분은 사실 꽃받침으로 본래의 꽃잎은 퇴화해 꿀샘이 되었다. 꽃가루받이가 끝난 뒤 수술과 꿀샘은 떨어진다. 꽃받침은 퇴색되지만 떨어지지 않고 남는다.

꽃 색상과 무늬에 주목 절묘하게 색이 섞이는 컬러가 독특하다. A : 무늬가 들어가지 않은 뚜렷한 녹색의 겹꽃. B : 정원에서 자른 핑크 프로스트Pink Frost. 줄기도 적갈색이라 시크한 분위기가 난다. C : 꽃잎에 들어가는 무늬도 다채롭다. 블라치(큰 반점)가 들어간 녹색의 겹꽃(왼쪽)과 스폿(작은 반점)이 들어간 분홍색의 홑꽃(오른쪽). D : 종 모양의 꽃이 특징인 포이티두스Foetidus. 풀길이가 길다.

꽃잎의 색상 변화 스프레이 타입을 구입하면, 가지 한 대에 색이 다른 꽃이 피어 있는 경우도 있다. 사진의 품종은 꽃가루받이를 전후해 녹색에서 빛깔이 바래 흰색으로 변했다. 자세히 보면 수술이 떨어진 꽃도 있다.

다루는 법 POINT

40~42℃의 온수로 물올림 적당한 길이로 자른 뒤 바로 절단면을 40~42℃의 온수에 담근다. 온수가 자연스럽게 식을 때까지 담가둔다. 장식한 뒤 축 늘어졌을 때에는 동일한 작업을 하면 회복된다.

압화로 즐기기 꽃을 손으로 부드럽게 펴서 화장지 사이에 끼운다. 그것을 다시 신문지에 끼워서 약 1주일 정도 지나면 압화가 완성된다. 화장지는 매일 교환하고, 그때마다 꽃의 모양을 정돈하면 아름답게 만들어진다.

05 무스카리
MUSCARI

DATA | 과명 백합과 | 다른 이름 그레이프히아신스
원산지 지중해 연안, 남서아시아 | 풀길이 10~30㎝
꽃이삭 길이 3~6㎝ | 유통 시기 1~4월, 12월 | 절화 수명 5일 전후

이름은 머스크(musk, 사향)의 향에서 유래했지만, 아주 강한 향은 아니며 얼굴을 가까이 대면 산뜻한 향이 감돕니다. 파란색이나 보라색의 작은 꽃이 송이 형태로 피는 모습에서 '그레이프히아신스Grape Hyacinth'라는 영명이 붙었습니다. 봄의 알뿌리 꽃 중에서 이만큼 파란색인 꽃은 없어 매우 귀중합니다. 하나만 보면 수수하지만, 여러 개가 모이면 훨씬 돋보입니다. 알뿌리가 붙은 상태로 장식할 때에는 알뿌리가 보이는 유리 화기(花器, 꽃을 꽂는 데 쓰는 그릇)를 추천합니다. 흙에 심으면 다음 해에 개화하기도 합니다.

꽃과 잎 모두 섬세 분홍색 품종도 있다. 가늘고 길며 약간 두툼한 잎과 꽃이삭의 균형적인 조화가 사랑스럽다. 알뿌리가 달린 것도 유통되는데, 분화는 품종이 많아 다양하게 즐길 수 있다.

A   B   C

절화로 유통되는 품종 많이 유통되는 종류는 파란색 계열과 보라색으로, 파란색 계열에는 농담이 있다. A : 파란색이 짙은 아르메니아쿰Armeniacum. 가장 일반적인 품종으로 풀길이가 길다. B : 연푸른색이 산뜻한 블루 매직Blue Magic. 알뿌리가 달려서 유통된다. C : 흰색 꽃이 청초한 인상을 주는 화이트 매직White Magic. 알뿌리가 달려서 유통된다.

다루는 법 POINT

아래쪽부터 피는 꽃 포도송이가 거꾸로 달린 듯한 귀여운 형태로 잔꽃이 빽빽이 달려 있다. 자세히 보면 꽃이 아래쪽부터 피기 시작하므로 윗부분은 아직 봉오리지만, 서서히 개화한다.

하트 모양의 씨 노지 재배의 경우 다 핀 꽃을 그대로 두면 하트 모양의 씨가 주렁주렁 달리기도 한다. 시간은 걸리지만 씨앗부터 시작해 수를 늘릴 수도 있다.

얕은 물에 꽂고 물을 자주 교체 물올림이 좋다. 줄기가 썩기 쉬우므로 물은 적게 담고 자주 갈아 준다. 단독으로 또는 다른 꽃과 장식할 때 같은 계열의 색으로 통일하면 꽃의 매력이 더욱 살아난다.

06
튤립
TULIP

a 재클린Jacqueline / b 바베이도스Barbados / c 일 드 프랑스Ile De France / d 판타지 레이디Fantasy Lady
e 플래시 포인트Flash Point / f 다이너스티Dynasty / g 하우스텐보스Huistenbosch / h 요키히楊貴妃
i 웨버스 패럿 옐로 핑크Weber's Parrot Yellow Pink / j 네그리타 더블Negrita Double / k 화이트 밸리White Valley
l 몬테카를로Monte Carlo / m 더블 프라이스Double Price / n 블러싱 뷰티Blushing Beauty / o 몬테 오렌지Monte Orange
p 차토Chato / q 비올라케아 블랙 베이스Violacea Black Base / r 테이트어테이트Tete-A-Tete

06 튤립
TULIP

DATA	**과명** 백합과	**원산지** 중앙아시아, 북아프리카	**풀길이** 20~50cm
	화통(꽃받침조각이나 꽃잎, 수술 등이 합착해 대롱 모양을 이룬 부분) **길이** 3~8cm		
	유통 시기 1~4월, 11~12월	**절화 수명** 5~7일	

봄을 대표하는 알뿌리 꽃입니다. 매년 새 품종이 등장해 그 수가 5,000종 이상에 이릅니다. 이름은 머리에 두르는 '터번'을 의미하는 터키어 '튈벤드(tülbend)'에서 유래했습니다. 17세기에 '튤립 파동'이라고 불릴 만큼 네덜란드를 중심으로 유럽에서 폭발적인 인기를 얻었고, 이 시대에 다양한 화형(꽃 모양)이 만들어졌습니다. 지금도 세계에서 제1의 생산지는 네덜란드입니다.

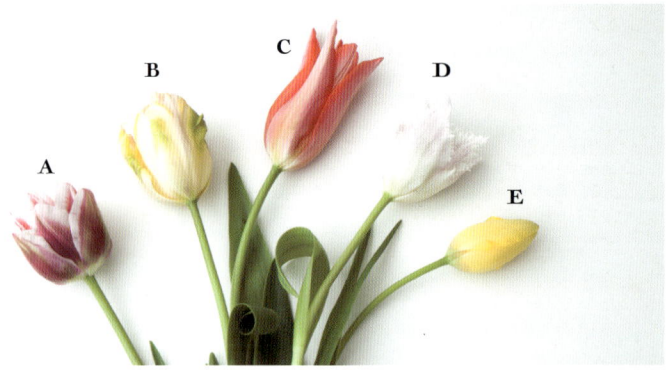

주된 화형 5종 **A** : 꽃잎이 많은 겹꽃형. 판타지 레이디Fantasy Lady. **B** : 앵무새의 날개처럼 톱니가 들어간 패럿형. 웨버스 패럿 옐로 핑크Weber's Parrot Yellow Pink. **C** : 가늘고 긴 꽃잎의 끝이 뾰족하고, 바깥으로 젖혀져 피는 백합형. 재클린Jacqueline. **D** : 꽃잎 가장자리에 자잘한 톱니가 들어간 프린지형. 하우스텐보스 Huistenbosch. **E** : 꽃잎이 6장인 홑꽃형. 마우린Maureen.

꽃의 구조 기본이 되는 홑꽃형의 꽃잎은 6장으로, 바깥쪽 3장은 꽃받침이 변형된 것이다. 굵은 암술 1개를 수술 6개가 둘러싼다. 꽃잎이 달린 부분(화저)의 색과 꽃가루, 꽃잎의 색이 다른 경우가 있으므로 꽃이 다 벌어졌을 때 색상의 대비도 즐길 수 있다.

빛에 반응하는 꽃 이른 아침 오므라져 있던 꽃이 낮에는 벌어졌다가 저녁에 다시 오므라지는 것은 빛과 온도에 반응하는 성질 때문이다. 이 개폐 운동을 반복하면서 점점 오므라지지 못하게 되고 결국 꽃잎은 지거나 퇴색해 투명해진다. 빛을 찾아서 꽃 방향이 바뀌므로 줄기도 휜다.

다루는 법 POINT

잎 제거 여분의 잎은 잡아당기면 줄기가 갈라지므로 엄지 안쪽으로 잎 밑동에서 벗겨서 떼어 낸다(왼쪽). 아래쪽 잎과 줄기 틈에 흙이 있으면 물로 씻어 낸다(오른쪽).

잎 활용법 물올림이 좋고, 꽃꽂이를 한 뒤에도 줄기는 계속 자란다. 예쁜 잎은 어레인지먼트에도 살려 활용한다. 절단면이 보이지 않게 잎 바로 위에서 자른다(1). 잎을 둥글게 말고 잎 끝을 화기(꽃 그릇) 테두리에 걸쳐서 고정한다(2). 그것만으로 센스 업!

알뿌리가 달린 꽃 즐기기 알뿌리에 칼집을 내면 물올림이 좋아져 수명이 길어진다. 얕은 물로도 충분하다.

다양하게 즐기는 법

Arrangement

Arrangement

튤립은 품종이 풍부하고 꽃 색깔과 형태도 다채롭습니다. 이런 튤립을 활용해 자유롭게 배색을 즐겨 봅시다. 보라색과 주황색을 조합한 아리따운 자태가 인상적입니다. 앞으로 휘는 줄기의 움직임도 우아합니다.

사용한 꽃 / 튤립 6종(더블 프라이스Double Price, 네그리타 더블Negrita Double, 요루노데오夜の帝王, 몬테 오렌지Monte Orange, 오르카Orca, 웨버스 패럿 옐로 핑크Weber's Parrot Yellow Pink), 델피니움Delphinium

백합형의 요키히처럼 서 있는 모습이 아름다운 품종은 줄기의 길이를 그대로 살려서 꽂습니다. 높이가 있는 통 모양의 화기를 고르면 너무 퍼지지 않아 깔끔하고 심플하게 장식할 수 있습니다.

사용한 꽃 / 튤립 2종(요키히楊貴妃, 하우스텐보스Huistenbosch)

07
벚나무
JAPANESE CHERRY

게이오자쿠라 啓翁桜

a 요코하마히자쿠라横浜緋桜 / b 마쓰마에베니유타카자쿠라松前紅豊桜 / c 간잔자쿠라関山桜

07 벚나무
JAPANESE CHERRY

DATA | 과명 장미과 | 원산지 일본, 중국
가지 길이 80~200cm | 꽃 지름 2~8cm
유통 시기 1~4월, 12월 | 절화 수명 5~7일

일본의 봄철 벚꽃 전선의 주역은 '소메이요시노染井吉野'입니다. 19세기 말에서 20세기 초에 폭발적으로 퍼진 원예 품종이며, 이외에도 200종 이상의 원예 품종이 있습니다. 일본에 자생하는 야생종은 '야마자쿠라山桜' 등 10종입니다. 벚나무는 절화(가지 소재)로도 이용되어 꽃집에서는 연말부터 계절에 앞서 '게이오자쿠라啓翁桜, 요시노자쿠라吉野桜(=소메이요시노), 겹벚나무' 순으로 다양한 품종이 유통됩니다. 구입 시에는 꽃이 반쯤 핀 것을 고르면 오래 즐길 수 있고 개화 후에도 어린잎을 감상할 수 있습니다.

꽃의 기본 구조 기본은 홑꽃형이다. 모양이 같은 5장의 꽃잎이 달렸고, 암술 1개에 다수의 수술이 있다.

꽃은 꽃눈에서 개화 꽃은 갈색 꽃눈에서 개화하고, 잎은 꽃눈과 비슷한 잎눈에서 나온다. 꽃과 잎 모두 여름 무렵부터 만들어지기 시작하는데, 갈색의 통통한 겨울눈 상태로 겨울을 난다.

절화로 유통되는 품종 홑꽃형 품종부터 유통되기 시작해 3월 말부터는 화려한 겹벚나무도 등장한다. A : 정월에도 즐길 수 있는 게이오자쿠라啓翁桜. B : 시즈오카현 가와즈초에 피는 가와즈자쿠라河津桜. 짙은 분홍색으로 일찍 개화한다. C : 나라현의 벚나무 명소 요시노에 피는 야마자쿠라山桜에서 이름을 딴 요시노자쿠라吉野桜. D : 춘분 전후에 피기 시작하는 히간자쿠라彼岸桜. E : 꽃잎 가장자리의 색이 짙은 마쓰마에베니유타카자쿠라松前紅豊桜. 대륜. 겹꽃형. F : 꽃 색상이 짙은 겹꽃형의 요코하마히자쿠라横浜緋桜. 요코하마에서 만들어졌다. G : 겹꽃형의 대표종 간잔자쿠라関山桜. 짙은 선홍색이고, 갈색을 띤 새잎이 동시에 나온다.

다루는 법 POINT

절단면에 가지 쪼개기 물올림이 좋다. 가지 밑동에 가위집을 내서 절단면을 벌리면, 흡수 면적이 넓어져 물이 골고루 전달된다. 전정가위(가지치기할 때 사용하는 가위)를 사용한다.

가지 바로잡기 가지를 손으로 훑으면서 구부려 움직임을 연출한다. 장식했을 때를 떠올리며 작업하면 좋다. 큰 가지를 억지로 구부리는 것은 좋은 방법이 아니다.

앞 　 뒤

앞과 뒤 확인 장식할 때에는 보기 좋은 앞면을 살린다. 태양을 향해 생장하고 꽃이 달리는 자연스러운 아름다움이 있는 쪽이 앞면이다. 뒷면은 꽃의 뒤쪽이 보인다.

다양하게 즐기는 법
ARRANGEMENT

ARRANGEMENT

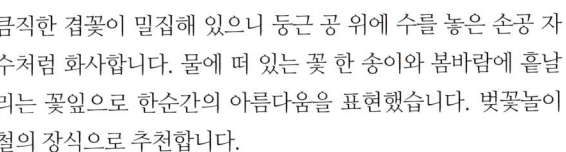

큼직한 겹꽃이 밀집해 있으니 둥근 공 위에 수를 놓은 손공 자수처럼 화사합니다. 물에 떠 있는 꽃 한 송이와 봄바람에 흩날리는 꽃잎으로 한순간의 아름다움을 표현했습니다. 벚꽃놀이 철의 장식으로 추천합니다.

사용한 꽃 / 벚나무(마쓰마에베니유타카자쿠라松前紅豊桜)

흐드러지게 만발한 가와즈자쿠라입니다. 큼직한 가지를 존재감이 있는 화기에 심플하게 꽂아서 소박한 정취가 넘치는 벚나무의 생명력을 감상합니다. 초봄에만 허락되는 사치입니다.

사용한 꽃 / 벚나무(가와즈자쿠라河津桜)

08
물망초

Forget-me-not

09
꽃산딸나무

FLOWERING DOGWOOD

08 물망초
Forget-me-not

Data	과명 지치과 | 원산지 유럽, 아시아 풀길이 40~50cm | 꽃 지름 약 8mm 유통 시기 1~6월 | 절화 수명 5일 전후

맑은 파란색의 작은 꽃이 사랑스러운 봄 화초입니다. 인상적인 이름은 이 꽃을 연인을 위해 꺾으려 했던 청년이 실수로 도나우강에 빠져 떠내려가면서 마지막에 'Forget me not(나를 잊지 말아요)'이라고 외쳤다는 전설에서 유래했습니다. 청년의 말은 꽃말로도 남았습니다. 꽃 색상은 파란색 이외에 분홍색, 흰색, 보라색이 있고 세계에 약 50종이 분포합니다. 모종(옮겨 심으려고 가꾼 씨앗의 싹)이 주류지만 길이가 긴 타입을 재배할 수 있게 되면서 절화도 유통되고 있습니다.

변화하는 꽃 색상 지름 8mm 정도의 작은 꽃이 모여서 핀다. 파란색의 꽃 색상도 여러 종류가 있고, 사진은 물색에 가깝다. 개화함에 따라 분홍색으로 변한다. 꽃 중심에 들어간 작은 노란색 무늬와 파란색 꽃잎이 이루는 대비로 아름다움이 부각된다.

Memo

습지나 강가에서 자라는 물망초는 예로부터 우애와 성실의 상징으로 서양에서 사랑받아 왔다. 중세 독일에서는 '푸른 꽃에는 신비한 힘이 깃든다'고 믿어 지금도 친구의 묘비에 물망초를 바치고 있다. 또한 스위스에서는 젊은 남자가 바지 주머니에 이 꽃을 넣고 좋아하는 사람을 만나러 가면 마음을 사로잡을 수 있다는 이야기도 있다. 참 귀여운 사랑의 주술이다.

근연종 시노글로섬 Cynoglossum(중국물망초)이라고 불리는 식물이다. 사진의 흰색 외에 파란색, 분홍색, 보라색이 있다. 화분이나 노지 재배로 기른 꽃을 절화로 이용해도 좋다. 잎은 물망초보다 작고 산뜻하다.

다루는 법 Point

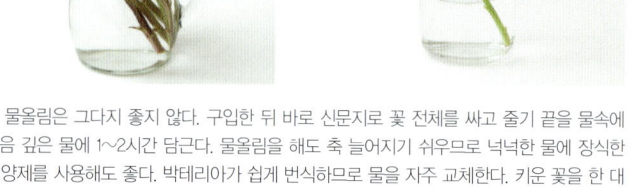

잎 정리 잎은 꽃에 비해 크고 양도 많으므로 꽃이 잎에 덮이기 쉽다. 잎을 약간 정리하고, 물에 잠기는 아래쪽 잎 등도 가로로 잘라 낸다.

꽃 장식법 물올림은 그다지 좋지 않다. 구입한 뒤 바로 신문지로 꽃 전체를 싸고 줄기 끝을 물속에서 자른 다음 깊은 물에 1~2시간 담근다. 물올림을 해도 축 늘어지기 쉬우므로 넉넉한 물에 장식한다. 절화 영양제를 사용해도 좋다. 박테리아가 쉽게 번식하므로 물을 자주 교체한다. 키운 꽃을 한 대만 잘라 장식해도 귀엽다(오른쪽).

09 꽃산딸나무
FLOWERING DOGWOOD

DATA | 과명 층층나무과 | 원산지 북아메리카
가지 길이 100~200cm | 꽃 지름 8~10cm
유통 시기 3~6월 | 절화 수명 4~7일

가로수와 공원 등에서 자주 볼 수 있는 꽃나무입니다. 일본에서는 골든위크(4월 말~5월 초 공휴일이 모여 있는 일주일) 전후에 흰색과 분홍색 꽃이 위쪽을 향해 핍니다. 낙엽수이므로 가을 단풍도 아름답고 빨간색 열매도 달리지만, 절화로 유통되는 것은 꽃이 피는 시기뿐입니다. 1912년에 도쿄시에서 워싱턴 D.C.에 벚나무를 선물했고, 그 답례로 1915년에 일본이 꽃산딸나무를 선물 받은 데에서 미일 친선 나무로도 유명합니다. 꽃말 '답례'는 이 일화에서 유래했습니다.

꽃의 기본 구조 꽃잎처럼 보이는 부분은 포엽(봉오리를 보호하는 잎의 일종)으로 잎이 변형된 것이다. 중심에 있는 황록색 덩어리는 작은 꽃이 15~20개 모여 있는 것으로 봉오리일 때에는 포엽에 싸여 있다.

꽃은 2색 분홍색과 흰색이 유통된다. 대부분 개화한 상태로 유통되지만, 녹색 봉오리 상태일 때 구입하면 더 오래 즐길 수 있다.

꽃이 달리는 방식이 독특 나무 꼭대기에 꽃이 달리며 모두 위쪽을 향해 피는 점이 특징이다. 장식할 때에는 조금 기울이면 꽃이 잘 보인다.

다루는 법 POINT

절단면에 가지 쪼개기 물올림은 좋지만 건조에 약하다. 가지 밑동에 가위집을 내서 절단면을 벌리면, 흡수 면적이 넓어져 물이 고루 전달된다. 전정가위를 사용한다.

화기에 맞춰서 잘라 나누기 화기의 높이에 맞춰, 갈라져 나간 가지를 가위로 자른다. 잘라 낸 가지도 작은 화기에 장식하면 보기 좋다.

꽃 장식법 잎이 너무 크지도 않고 가지 모양도 아름다워 장식하기 쉽다. 물에 잠기는 여분의 가지와 아래쪽 잎은 가위로 잘라 낸다. 물을 잘 흡수하므로 물은 넉넉히 담는다.

10
마거리트
Marguerite

재래종(흰색)

a 드림 레이디Dream Lady / b 드림 파라솔Dream Parasol / c 드림 핑크Dream Pink / d 드림 레드 아이Dream Red Eye
e 사브리나Sabrina / f 드림 테트라Dream Tetra / g 옐로 서브머린Yellow Submarine

10 마거리트
MARGUERITE

> **DATA** | 과명 국화과 | 원산지 카나리아 제도
> 풀길이 50~60cm | 꽃 지름 3~6cm
> 유통 시기 1~5월, 11~12월 | 절화 수명 5~10일

'사랑 점'이라는 꽃말처럼 꽃잎을 한 장씩 떼는 꽃 점에 사용하는 꽃으로 친숙합니다. 이름은 진주를 의미하는 그리스어 '마르가리테(margarite)'에서 유래했습니다. 17세기 말에 프랑스에서 개량이 활발히 이루어진 데에서 '패리스 데이지 Paris Daisy'라는 이름도 붙었습니다. 일본에는 19세기 말에 전해진 뒤 화단과 정원 등을 화사하게 꾸며 주는 친근한 꽃으로 정착했습니다. 희고 청초한 홑꽃형이 대표적이지만 분홍색, 주황색, 노란색, 겹꽃형 등 종류도 다양해져 절화 수요도 높아지고 있습니다.

화형과 색상 화형과 색상, 꽃 사이즈도 다채롭다. **A** : 가장 일반적인 흰색 홑꽃형. 재래종이다. **B** : 꽃 안에 꽃이 핀 듯한 화형이 특징인 아네모네형. 노란색 꽃술과 흰색 꽃잎의 대비가 사랑스러운 옐로 서브머린 Yellow Submarine. **C** : 아네모네형. 분홍색이 인상적인 드림 파라솔 Dream Parasol. **D** : 꽃잎이 많고 모양이 둥근 겹꽃형. 새하얗고 귀여워 인기가 있는 드림 테트라 Dream Tetra.

섬세하고 가련한 잎도 등장 품종 개량이 진행되어 잎이 섬세하고 양도 적은 품종이 등장했다. 바람에 살랑거리는 부드러운 분위기가 매력이다. **E** : 분홍색 홑꽃형의 드림 핑크 Dream Pink. **F** : 순백색 겹꽃형의 드림 테트라 Dream Tetra.

쑥갓을 닮은 잎이 무성 잎의 양에 비해 꽃 개수가 적은 데다 꽃이 흩어져 피기 때문에 장식했을 때 꽃의 귀여움이 부각되지 않는 일도 있다. 그럴 때에는 아래와 같은 요령으로 여분의 잎을 솎아 낸다. 최근에는 한데 모여서 피는 타입 등 꽃 장식에 사용하기 쉬운 품종도 유통된다.

다루는 법 POINT

검은색 봉오리 제거 봉오리가 몇 송이 달린 가지 상태로 유통되는데, 검은색 봉오리는 개화하지 않기 때문에 장식할 때 눈에 띄므로 미리 제거한다.

여분의 잎 솎아 내기 꽃이 돋보이게끔 여분의 잎은 가로로 잘라 낸다. 화기에 맞춰서 가지를 잘라 나누면 장식하기 쉽다. 물에 잠기는 아래쪽 잎도 제거한다.

꽃 회복시키기 물올림은 좋지만 줄기와 잎은 물이 내려가기 쉽다. 축 늘어져 있으면 신문지로 전체를 싸고 줄기 끝을 물속에서 자른 다음, 깊은 물에 1~2시간 담그면 회복된다.

Arrangement

흰색 홑꽃형의 마거리트는 소박하고 가련하면서 대지의 강인함도 느껴집니다. 화관을 만들어 놀던 어린 시절을 떠올리면서 마음에 드는 빈 깡통에 만발한 꽃들을 빼곡히 담았습니다.

사용한 꽃 / 마거리트 2종(사브리나Sabrina, 흰색 재래종)

다양하게 즐기는 법

Arrangement

가냘픈 줄기에 사뿐하게 꽃이 피는 부드러운 색조의 마거리트입니다. 봄꽃과 함께 천 주머니에 느슨하게 퍼지듯 장식하면 마치 들판을 옮겨 온 것 같은 내추럴한 운치를 자아냅니다.

사용한 꽃 / 마거리트 6종(드림 레드 아이Dream Red Eye, 드림 테트라Dream Tetra, 옐로 서브머린Yellow Submarine, 드림 파라솔Dream Parasol, 드림 레이디Dream Lady, 드림 핑크Dream Pink), 아미 2종(화이트 레이스White Lace, 다우쿠스 보르도Daucus Bordeaux), 루피너스Lupine

37

11
라일락

LILAC

11 라일락
Lilac

> **DATA** 과명 물푸레나무과 | 다른 이름 리라
> 원산지 동유럽, 서아시아 | 가지 길이 50~100㎝ | 꽃이삭 길이 10~20㎝
> 유통 시기 연중, 일본산은 4~6월 | 절화 수명 5~7일

가지 끝에 꽃이 풍성하게 모여 피는 보라색, 분홍색, 흰색 등의 라일락은 좋은 향을 풍겨 향수에 사용됩니다. 프랑스에서는 '리라 Lilas'라고 부르며 봄을 알리는 꽃나무입니다. 대표적인 꽃 색상(연보라색과 비슷)에서 유래한 '리라'라는 색명도 있습니다. 일본에는 19세기 말에서 20세기 초에 전해진 뒤 홋카이도를 중심으로 퍼져, 매년 5월 하순에 삿포로에서 라일락 축제가 열립니다. 일반적으로 개화한 꽃보다 봉오리가 색이 더 짙습니다. 꽃말은 색에 따라 달라서 보라색은 '첫사랑', 흰색은 '청춘의 기쁨' 등입니다.

화형과 사이즈 품종에 따라 꽃 형태와 사이즈가 다르다. I : 겹꽃형으로 꽃잎이 둥그스름한 라일락 핑크 겹꽃. 약 1.5㎝. J : 홑꽃형으로 꽃잎이 둥그스름한 라일락 핑크. 약 2㎝. K : 꽃잎이 가늘고 길며 사이즈가 작은 히메 라일락. 약 1㎝.

5월 무렵에 유통되는 품종 A : 진보라색 홑꽃형 대륜의 라일락 퍼플 Lilac Purple. 수입산. B : 분홍색 꽃잎이 귀여운 메이든스 블러시 Maiden's Blush. 수입산. C : 푸른빛을 띤 보라색이 시크한 라일락 블루 Lilac Blue. 일본산. D : 큰 원뿔형 꽃송이가 특징인 라일락 핑크 Lilac Pink. 일본산. E : 아름다운 순백색 홑꽃형의 라일락 화이트 Lilac White. 일본산. F : 연보랏빛을 띤 분홍색의 라일락 핑크 겹꽃. 일본산. G : 중국 원산의 히메 라일락姫 Lilac. 일본산. H : D의 확대 사진으로, 한 송이를 자세히 보면 끝이 십자로 나뉜 통 모양의 작은 꽃임을 알 수 있다.

개화하지 않는 봉오리 끝이 단단히 닫힌 봉오리는 피지 않는 일이 많다. 봉오리는 색상이 짙으므로 장식했을 때 포인트가 된다.

다루는 법 POINT

절단면에 가지 쪼개기 물올림은 다소 나쁘다. 물이 내려가기 쉬우므로 가지 밑동에 가위집을 내서 절단면을 벌리면 물이 고루 전달된다. 전정가위를 사용한다.

절화 영양제가 유효 꽃을 오래 보려면 절화 영양제가 효과적이다. 화기에 선도유지제(신선도를 보존하기 위해 처리하는 물질)를 넣은 뒤 물을 넣으면 간단히 만들어진다. 물은 넉넉히 담아 장식한다.

유통 시기 4~6월에 제철을 맞는 일본산은 잎이 달린 채로 유통되고 향도 좋다(왼쪽). 한편 네덜란드에서 수입한 종류는 꽃과 가지만 있는 상태로 일 년 내내 유통된다(오른쪽).

다양하게 즐기는 법

Arrangement

단순한 천 가방에 흰색과 보라색 라일락을 투박하게 담아 보았습니다. 꽃은 물을 넣은 페트병에 꽂았기 때문에 시들 염려가 없습니다. 벽 등에 걸어 두고 가볍게 즐겨 봅니다.

사용한 꽃 / 라일락 2종(라일락 화이트Lilac White, 라일락 블루Lilac Blue)

Arrangement

한창때를 맞이한 라일락은 유달리 아름답습니다. 유리 화기에 한가득 장식하면 꽃이 지닌 생기와 요염함을 느낄 수 있습니다. 초여름 햇살이 그려 내는 부드러운 음영과 눈부시게 아리따운 풍경에 마음을 빼앗깁니다.

사용한 꽃 / 라일락 3종(라일락 퍼플Lilac Purple, 히메 라일락姬 Lilac, 메이든스 블러시Maiden's Blush)

12
아미
Queen anne's lace

그린 미스트 Green Mist

13
델피니움
Delphinium

a 오로라 블루 Aurora Blue / **b** 크레스 라이트 블루 Cress Light Blue
c 해피 핑크 Happy Pink / **d** 픽시 화이트 Pixie White / **e** 플래티나 블루 Platina Blue

12 아미
Queen Anne's Lace

Data | 과명 산형과 | 원산지 지중해 지방
풀길이 30~80cm | 잔꽃 집합 10~15cm
유통 시기 연중 | 절화 수명 5~7일

잔꽃이 모여 지름 2cm 정도의 원형을 이루고, 그것이 대략 40개 정도 모여서 방사형으로 퍼진 모습이 섬세한 레이스 같아 '레이스 플라워Lace Flower'라고도 합니다. 같은 산형과라도 오스트레일리아 원산의 연푸른색과 연분홍색의 '블루 레이스 플라워Blue Lace Flower'와는 다른 종으로, 이와 구별하기 위해서 '화이트 레이스 플라워White Lace Flower'라고 부르기도 합니다. 흰색과 갈색 외에 염색된 것과 반짝이는 라메가 붙은 것도 유통되고 있습니다. '도쿠제리모도키毒芹擬(독미나리와 닮은 것)'라는 무서운 일본명을 가지고 있는데, 이는 맹독을 가진 독미나리와 겉모습이 닮은 데에서 유래했습니다. 물론 겉모습만 비슷할 뿐 독은 없습니다.

꽃을 가까이에서 관찰 흰색 잔꽃이 수십 개 모여 지름 2cm 정도의 원형을 이룬다. 그것이 여러 개 모여서 방사형으로 퍼져 10~15cm 크기가 된다.

꽃의 변화 구입 직후의 그린 미스트는 작은 꽃은 봉오리 상태이므로 초록빛을 띤다(왼쪽). 1주일이 지나면 개화해 흰색이 두드러진다(오른쪽).

주로 유통되는 품종 흰색이 일반적이지만 녹색과 갈색도 있다. A : 흰색 잔꽃이 청초한 분위기를 내는 화이트 레이스White Lace. 예전부터 있던 친근한 품종이다. B : 와인색에 가까운 시크한 갈색의 다우쿠스 보르도Daucus Bordeaux. C : 약간 녹색을 띤 꽃 색상이 산뜻한 그린 미스트Green Mist. D : 밀크코코아색의 다우쿠스 블랙 나이트Daucus Black Knight.

1주일 후 →

다루는 법 Point

깊은 물에 담그기 물올림이 좋다. 다만 물이 내려가기 쉬우므로 신문지로 꽃 전체를 싸고 줄기 끝을 물속에서 자른 다음 깊은 물에 담그면, 물올림이 확실히 되어 오래 유지된다.

잘라 나누어 장식 스프레이 타입은 갈라져 나간 가지를 잘라 나누어 장식하면 좋다. 풍성하고 가벼워 레이스와 같은 화사함을 즐길 수 있다.

꽃잎이 떨어지기 쉬움 많이 달려 있는 잔꽃은 떨어지기 쉬우므로 주의하여 장식할 장소를 고른다. 떨어진 꽃잎은 접착테이프를 붙였다 떼면 쉽게 제거할 수 있다.

13 델피니움
DELPHINIUM

꽃의 구조 꽃잎처럼 보이는 부분은 꽃받침이 매우 커진 것이다. 실제 꽃잎은 중앙에 있다. 꽃 뒤쪽에 있는 부분은 꿀주머니로, 꽃받침 윗부분이 길게 뻗은 것이다. 꽃잎과 꿀주머니가 없는 종류도 있다.

꽃잎 / 꽃받침 / 꿀주머니

DATA | **과명** 미나리아재비과 | **원산지** 유럽, 아시아, 북아메리카, 아프리카
풀길이 70~200cm | **꽃 지름** 3~8cm
유통 시기 연중 | **절화 수명** 5~10일

긴 꽃이삭에 선명한 파란색 잔꽃이 무수히 달린 모습은 산뜻하고 인상적입니다. 맑은 물색, 깊고 짙은 파란색 등 다채로운 파란색이 매력입니다. 그 밖에 흰색, 분홍색, 노란색 등도 있습니다. 이 꽃에 함유된 델피니딘이라는 푸른색 색소는 파란 장미 등을 만드는 데에도 이용되었습니다. 그리스어로 돌고래를 의미하는 꽃 이름은 봉오리 모양과 꿀주머니라고 불리는 꼬리 같은 부분이 돌고래의 꼬리지느러미를 닮아서 붙은 이름입니다. 그 모습이 영명에서는 종달새, 일본명에서는 제비에 비유됩니다.

A   B   C

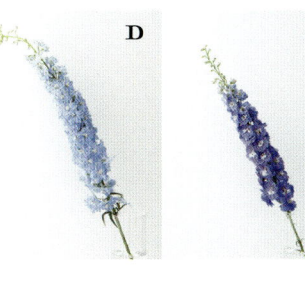

D   E

겹꽃형 계통 품종 줄기는 길고, 볼륨감이 있는 꽃이삭이 매력이다. 파란색을 중심으로 분홍색과 흰색도 있다. **D**: 물색 중대륜종의 크레스 라이트 블루 Cress Light Blue. **E**: 짙은 파란색 대륜종의 오로라 블루 Aurora Blue.

F   G   H

대표적인 꽃의 모습 3가지 화려하고 존재감이 있는 겹꽃형 계통(**A**), 가는 줄기에 홑꽃이 드문드문 달리는 벨라도나 계통(**B**), 스프레이 타입의 시넨시스 계통(**C**). **A**: 긴 줄기에 겹꽃이 밀집되어 있다. 라일락 캔들 Lilac Candle. **B**: 가는 줄기에 꽃이 줄지어 핀다. 발클라이트 Ballkleid. **C**: 스프레이 형태로 귀여운 작은 꽃이 핀다. 플래티나 블루 Platina Blue.

시넨시스 계통 품종 스프레이 타입의 가지에 위쪽을 향해 달리는 홑꽃(꽃받침)은 가뿐해서 춤을 추는 듯하다. **F**: 바다 같은 짙은 파란색의 그랑 블루 Grand Blue. **G**: 연분홍색이 귀여운 해피 핑크 Happy Pink. **H**: 맑은 순백색의 픽시 화이트 Pixie White.

겹꽃형 / 벨라도나 / 시넨시스

꽃(꽃받침) 사이즈 겹꽃형 계통(사진은 오로라 블루)은 꽃도 대륜이다. 꽃이삭에서 아래쪽이 크고(6cm) 위로 갈수록 작다(4cm). 벨라도나 계통(사진은 발클라이트)은 5.5cm, 시넨시스 계통(사진은 그랑 블루)은 작은 크기로 4.5cm 정도 된다.

다루는 법 POINT

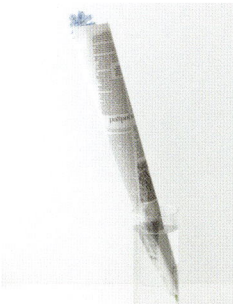

깊은 물에 담그기 물올림이 좋다. 구입한 뒤 바로 신문지로 꽃 전체를 싸고 깊은 물에 2시간 정도 담그면 꽃이 잘 떨어지지 않는다.

겹꽃형 계통으로 장식 줄기가 길기 때문에 위아래로 잘라 나누면 앙증맞고 화사하다. 물에 잠기는 꽃(꽃받침)을 제거하면 장식하기 쉽다. 떼어 낸 꽃은 접시에 띄워서 즐긴다.

시넨시스 계통으로 장식 줄기 한 대를 잘라 나누어 유리 화기에 꽂는다. 풍성하게 꽂으면 매력이 부각된다. 물은 적게 담는다.

14 잉글리시 로즈
ENGLISH ROSE

a, f 트로일러스 Troilus / b, j 글래미스 캐슬 Glamis Castle / c, l 앰브리지 로즈 Ambridge Rose / d 더 다크 레이디 The Dark Lady
e, g 안위크 캐슬 Alnwick Castle / h 세인트 세실리아 Saint Cecilia / i 더 프린스 The Prince / k 몰리뉴 Molineux

14 잉글리시 로즈
ENGLISH ROSE

DATA | 과명 장미과 | 원산지 영국
가지 길이 30~50cm | 꽃 지름 6~8cm
유통 시기 연중 | 절화 수명 3~7일

올드 로즈가 가지는 아름다운 화형과 풍부한 향, 모던 로즈 특유의 사계개화성(특정 계절이 아닌, 어느 계절에나 꽃을 피우는 것)과 풍부한 꽃 색상을 융합한 새로운 계통의 장미입니다. 영국 육종가 데이비드 오스틴에 의해 만들어졌습니다. 첫 번째 품종은 '콘스탄스 스프라이Constance Spry'로 1961년에 탄생했습니다. 그 이후 매년 신품종이 만들어지고 절화용 품종도 유통됩니다. 꽃잎 장수가 100장 이상인 품종도 많습니다. 가늘고 나긋나긋한 꽃가지는 정취가 있고, 꽃 무게에 휘어지는 줄기의 모습은 우아합니다.

꽃은 드라마틱하게 변화 개화함에 따라 꽃잎이 자라서 대륜이 되는 것도 잉글리시 로즈의 특징이다. 사진은 앰브리지 로즈로 왼쪽 끝의 봉오리부터 차례로 30% 개화, 70% 개화, 만개한 상태이다. 개화 과정에서 화형이 변하는 품종도 있다.

대표 품종과 화형 화형은 가지각색이지만, 술잔 모양으로 피는 컵형과 꽃잎이 많고 꽃술이 있는 로제트형이 대표적이다. 평균 꽃 지름은 6~8cm로 대륜. **A** : 적자색의 꽃 색상이 인상적인 더 다크 레이디The Dark Lady. 로제트형이고 올드 로즈 향이 난다. **B** : 코랄핑크색의 안위크 캐슬Alnwick Castle. 컵형이고 달콤한 향이 난다. **C** : 섬세한 연보라색이 특징인 라일락 로즈Lilac Rose. 컵형이고 몰약(한약재) 향이 난다. **D** : 투명감이 있는 분홍색이 매력인 와이프 오브 배스Wife of Bath. 컵형이고 몰약 향이 난다. **E** : 오프화이트색 중륜에 스프레이형인 페어 비앙카Fair Bianca. 컵형이고 농후한 몰약 향이 난다.

다루는 법 POINT

가시는 가위로 제거 가시가 있는 경우에는 가위로 제거한다. 물에 잠기는 잎도 똑같이 제거한다. 물올림은 좋지만 물이 내려가기 쉬우므로 첫 물올림을 확실히 한다. 깊은 물에 담그기(44쪽 참조)도 효과적이다.

F : 살구색의 앰브리지 로즈Ambridge Rose. 개화함에 따라 컵형에서 로제트형으로 변한다. 몰약 향이 난다. **G** : 농후한 크림슨색이 눈에 띄는 더 프린스The Prince. 컵형에서 로제트형으로 변한다. 올드 로즈 향이 난다. **H** : 개화함에 따라 하얘지는 트로일러스Troilus. 컵형에서 로제트형으로 변한다. 산뜻한 향이 난다. **I** : 뚜렷한 노란색의 몰리뉴Molineux. 로제트형이고 홍차 향이 난다. **J** : 흰색 꽃이 피는 글래미스 캐슬Glamis Castle. 줄기에는 자잘한 가시가 빽빽이 달렸다. 컵형이고 몰약 향이 난다.

드라이플라워로 즐기기 매달아 두기만 하면 예쁜 드라이플라워가 된다. 활짝 피었을 무렵에 매달면 아름답게 완성된다. 흰색과 옅은 색은 갈색이 되기 때문에 짙은 색이 예쁘게 마른다.

다양하게 즐기는 법

BOUQUET

ARRANGEMENT

자연 그대로의 정취가 넘치는 잉글리시 로즈를 정원의 허브, 화초와 함께 투박하게 묶어 보았습니다. 풍부한 향과 부드러운 색조가 특징입니다. 꽃집에서 찾은 몇 송이의 꽃을 묶어 자신을 위한 꽃다발을 만드는 것만으로도 평범한 하루가 행복해집니다. 언제든지 가볍게 만들어 보세요.

사용한 화재 / 잉글리시 로즈 3종(트로일러스Troilus, 앰브리지 로즈Ambridge Rose, 라일락 로즈Lilac Rose), 코스모스Cosmos, 스카비오사Scabious, 캐모마일Chamomile, 샤인 베리Shine Berry, 램스이어Lamb's ears, 바질Basil

여러 번 잘라 장식해서 길이가 짧아진 잉글리시 로즈입니다. 물을 담은 흰 접시에 장식해 마지막까지 감상합니다. 접시 하나에 한두 송이씩 올려놓고 식탁, 현관 등에 나누어 장식해도 좋습니다. 활짝 핀 꽃은 드라이 포푸리(향기 주머니)로 만들어 향을 오래 즐깁니다.

사용한 꽃 / 잉글리시 로즈 7종(글래미스 캐슬Glamis Castle, 몰리뉴Molineux, 더 프린스The Prince, 트로일러스Troilus, 앰브리지 로즈Ambridge Rose, 세인트 세실리아Saint Cecilia, 페어 비앙카Fair Bianca)

15
작약
PEONY

a 미라이카三礼加 / b 유니버스타 Universtar

c 후지富士 / d 사라 베르나르Sarah Bernhardt / e 나카노 1호中野 1号
f, j 다키노요소이滝の粧 / g 루스벨트Roosevelt / h 스칼렛Scarlet / i 코럴 참Coral Charm

15 작약
PEONY

DATA	과명 작약과	원산지 중국, 몽골, 한국
	풀길이 50~100cm	꽃 지름 10~15cm
	유통 시기 4~7월	절화 수명 5~7일

미인을 비유하는 '서면 작약, 앉으면 모란'이라는 말이 있을 만큼 호화롭고 기품이 있는 대륜 꽃입니다. 약초로서 중국에서 전해 졌습니다. 한편 서양에도 전해져서 '성모의 장미' 등의 애칭으로 불리며 사랑받고 있습니다. 홑꽃형의 큼직한 꽃은 동양의 멋이 있고, 꽃 색상이 풍부한 겹꽃형은 화려한 서양 꽃 분위기로도 즐길 수 있습니다. 꽃 색상은 선홍색, 분홍색, 자홍색, 흰색, 노란색 등이 있습니다. 홑꽃형, 겹꽃형, 반겹꽃형 등 품종이 다채롭습니다.

겹꽃은 종류가 풍부 A : 화려한 향이 나는 사라 베르나르Sarah Bernhardt. 프랑스 여배우의 이름을 땄다. 반장미형. B : JA나카노시(나카노시 농협)의 오리지널 품종 나카노 1호中野1号. 바깥쪽 꽃잎이 크고 안쪽은 작은 아네모네형. C : 연분홍색이 고상한 다키노요소오이滝の粧. 반장미형. D : 노란색 꽃술이 엿보이는 코럴 참Coral Charm. 반겹꽃형. E : JA나카노시의 오리지널 품종으로 향이 좋은 유니버스타Universtar. 왕관형.

꽃의 옆얼굴
원래는 한 줄기에 여러 봉오리가 달리지만, 대륜 한 송이를 피우기 위해 생산자는 봉오리 수를 줄여서 재배해 출하한다. 잎은 커서 존재감이 있으며 많이 달린다.

개화 과정도 매력
둥근 봉오리가 벌어져 시시각각 변화하며 개화하는 모습이 드라마틱하다. 봉오리가 벌어지기 시작해 3~4일이면 만개한다. 꽃잎이 우수수 떨어지는 모습조차도 아름답다. 사진의 품종은 벙커힐Bunker Hill.

화형 3가지 겹꽃의 대표적인 화형. F : 꽃잎 전체가 균등하게 벌어져 대륜 장미 같은 장미형. 루스벨트Roosevelt. G : 중앙에 꽃을 한 송이 더 껴안고 있는 것처럼 보이는 왕관형. 스칼렛Scarlet. H : 꽃잎이 많고 중앙이 공처럼 둥근 폭탄형. 미라이카三礼加.

다루는 법 POINT

여분의 잎 정리 잎이 많으므로 수분 증산을 막기 위해 여분의 잎은 가위로 제거한다. 과감히 전체의 절반 정도만 남기는 것도 좋다. 그다음 물속에서 줄기를 잘라 물올림을 한다.

봉오리를 피우는 요령 꽃집에서는 봉오리 상태로 구입하는 것이 일반적이다. 꼭대기 부분에 끈끈한 꿀이 묻어 있으므로 물에 적신 꼭 짠 수건으로 부드럽게 닦아 내 개화를 촉진시킨다.

짧게 해서 장식 한창때를 지나서 지기 직전인 꽃은 짧게 해서 장식해도 좋다. 꽃과 잎을 따로 분리해 꽃을 화기 가장자리에 기대고, 잎(줄기)에서 잘라 내면 시들므로 주의을 균형 잡히게 꽂는다.

드라이플라워로 즐기기 꽃의 줄기를 끈으로 묶고 통풍이 잘되는 그늘에 매달아 약 1주일 정도 놔 두면 드라이플라워가 된다. 색상이 짙은 꽃이 더 예쁘게 마른다. 종이로 한 송이씩 싸서 장식해도 멋지다.

제철의 가지 소재와 작약 한 송이를 꽂았습니다. 청아한 동양의 정취가 물씬 풍깁니다. 대담하게 왼쪽으로 가지를 길게 내놓고, 꽃도 왼쪽으로 기울였습니다. 이 균형 감각이야말로 아름다움의 요소입니다.

사용한 꽃 / 작약(루스벨트Roosevelt), 큰일본노각나무Tall Stewartia

다양하게 즐기는 법 ARRANGEMENT

작약은 서양 스타일에도 어울릴 정도로 여러 분위기에 잘 어울립니다. 살구색 코랄 참을 주인공으로 해서, 심플한 유리 화기에 들꽃풍의 컬러풀한 잔꽃을 함께 장식해 배색을 즐겨 봅니다.

사용한 꽃 / 작약 4종(코럴 참Coral Charm, 사라 베르나르Sarah Bernhardt, 다키노요소오이滝の粧, 유니버스타Universtar), 고광나무Mock Orange, 비부르눔 스노우볼Viburnum Snowball, 클레마티스Clematis 2종

16
은방울꽃

Lily of the valley

17
고광나무
MOCK ORANGE

16 은방울꽃
LILY OF THE VALLEY

DATA | **과명** 백합과 | **원산지** 유럽, 아시아, 북아메리카
풀길이 10~30㎝ | **꽃 지름** 약 1㎝
유통 시기 1~7월, 10~12월 | **절화 수명** 3~5일

작고 새하얀 종 모양의 꽃이 줄지어 피는 모습은 사랑스럽고 청초합니다. 향도 좋아 향수의 원료가 됩니다. 프랑스에서는 '뮤게Muguet'라고 부르며 5월 1일 '뮤게의 날' 소중한 사람에게 은방울꽃을 선물해 행운을 비는 풍습도 있습니다. 행운을 가져다주는 꽃이라는 의미로 결혼식에서도 인기입니다. 일본에서는 홋카이도를 중심으로 자생하는데, 절화로 유통되는 품종은 유럽 원산의 '독일은방울꽃'의 개량종입니다. 꽃줄기가 길고 꽃이 큰 데다 향도 강한 품종입니다.

뿌리가 달린 채로 유통 가련한 꽃 모습에 비해 땅에 튼튼히 뿌리를 뻗고 생장하기 때문에 뿌리는 놀랄 만큼 굵다. 뿌리가 달린 편이 꽃을 오래 볼 수 있다. 꽃과 뿌리에는 독이 있으므로 화기에 담긴 물을 잘못 마시지 않도록 주의한다. 여러해살이풀이므로 흙에 심어 뿌리를 내리면 다음 해 이후에도 개화한다.

개화하는 방식 한 줄기에 꽃이 주렁주렁 달리고, 아래쪽부터 차례로 개화한다. 자세히 보면 아래쪽 꽃은 갈색으로 변해서 지려고 하지만 위쪽은 아직 봉오리 상태다.

절화로 유통 뿌리가 없는 절화의 한철은 5월이다. 줄기는 꺾이기 쉬우므로 조심히 다룬다. 유통되는 종류는 일본산뿐이고, 잎의 색이 짙은 것이 우량품이다.

다루는 법 POINT

꽃과 잎 분리 물올림이 좋다. 잎에 가려져 꽃이 피므로 꽃줄기를 잡고 밑동에서 부드럽게 당겨서 분리한 뒤 꽃이 잘 보이게 재배열해 장식한다.

꽃과 잎 재배열 분리한 꽃과 잎을 꽃이 모두 앞쪽을 향하도록 재배열하면 꽃의 매력이 돋보인다. 줄기가 5대 정도 있으면 보기 좋다.

시든 꽃은 제거 꽃은 아래쪽부터 피므로 시들 때도 아래쪽부터 시든다. 갈색이 된 시든 꽃이 남아 있으면 아름답지 않으므로 손으로 제거한다.

뿌리가 달린 꽃을 장식 투명한 유리 화기를 이용해 뿌리가 보이게 장식하면 내추럴한 분위기가 난다. 물은 탁해지기 쉬우므로 적게 담고 매일 갈아 준다.

17 고광나무
Mock orange

DATA	과명 범의귀과 | 원산지 일본, 중국, 유럽, 북아메리카
	가지 길이 70~100㎝ | 꽃 지름 2~5㎝
	유통 시기 4~5월 | 절화 수명 4~5일

초여름에 4장의 꽃잎이 달린 청초한 꽃을 가지 끝에 한가득 피웁니다. 꽃은 향기를 풍기고 형태가 매화꽃을 닮았으며, 가지 속이 비어 있습니다. 일본에서는 산지에 자생하는 낙엽 관목으로 예부터 정원수와 꽃꽂이 화재로 친숙하지만, 현재 절화로 유통되는 대부분은 유럽 원산의 교잡종입니다. 분홍색 겹꽃형, 대륜, 향이 좋은 종류 등도 유통되기 시작했습니다. 유통 기간은 한정적입니다.

꽃이 달리는 방식 그해에 자란 새로운 가지의 끝부분에 여러 송이의 꽃눈이 달린다. 개화하면 꽃 무리가 여러 개 있는 것처럼 보인다.

A   B

꽃의 앞과 뒤를 확인 장식할 때에는 꽃의 앞과 뒤를 확인해서 앞면이 보이게 장식하는 것이 좋다. 앞면은 태양을 향해 생장하고, 꽃이 예쁘게 보이는 쪽이다. 뒷면은 꽃과 잎의 뒤쪽이다.

유통되는 품종 A : 눈과 같은 순백색 꽃잎이 겹쳐 있는 겹꽃형 고광나무. 홑꽃형도 있다. 산뜻한 녹색 잎에 흰색 꽃이 잘 어울린다. **B** : 향이 좋은 벨 에투아르 Belle Etoile. 중앙에 들어간 선홍색의 둥근 부분이 개성적이고, 꽃은 5㎝ 정도로 대륜이다.

다루는 법 POINT

절단면에 가지 쪼개기 물올림이 좋다. 가지 밑동에 가위집을 내서 절단면을 벌리면, 흡수 면적이 넓어져 물이 고루 전달된다. 전정가위를 사용한다.

아래쪽 여분의 가지 잘라 내기 새로운 가지가 여러 개 자라면, 물에 잠기는 아래쪽 가지는 전정가위로 잘라 낸다. 자른 가지는 작은 화기에 장식하거나 미니 꽃다발을 만들어도 좋다.

마무리로 가지 정리 화기에 장식한 뒤 가지가 겹쳐 있거나 잎이 많은 경우에는 가위로 솎아 내서 균형 있게 마무리한다.

높이가 있는 화기에 장식 가지의 아름다운 모양새를 살려 높이가 있는 화기에 장식하면 한층 더 매력적이다. 가지는 물을 잘 흡수하므로 물은 넉넉히 담는다.

18
수국
Hydrangea

추색秋色 수국(블루 믹스 앤티Blue Mix Anti)

18 수국
HYDRANGEA

DATA | 과명 범의귀과 | 다른 이름 칠변화
원산지 일본, 동아시아, 북아메리카 동남부 | 가지 길이 30~100cm | 꽃 지름 10~30cm
유통 시기 1~2월, 5~7월, 12월(추색수국은 연중) | 절화 수명 5~14일(추색수국은 2주일 전후)

산성 토양에서는 파란색 꽃이 피고, 유럽과 같은 알칼리 토양에서는 분홍색이나 빨간색 꽃이 핍니다. 흙의 성질에 따라 색을 바꾸는 신비한 꽃이지만 본래 색은 파란색입니다. 일본 원산의 '레이스캡수국Lacecap'이 18세기 후반에 유럽으로 건너가 수많은 개량종(분홍색 계열이 풍부한 서양수국)이 만들어졌고, 이후 일본으로 역수입되었습니다. 근래에는 특별한 멋이 느껴지는 '추색秋色수국'도 인기가 있습니다.

수국과 추색수국 A : 말라 죽은 상태로, 운치가 있는 앤티크 계열의 색조가 매력인 추색수국. 블루 믹스 앤티 Blue Mix Anti. 드라이플라워에 적합하다. 일 년 내내 유통된다. B : 노지 재배도 활발한 일반적인 수국. 5~7월이 절정이고, 개화 후에는 시들기 때문에 드라이플라워에는 부적합하다.
레이스캡수국과 떡갈잎수국 C : 공 형태로 피는 타입(B)에 비해 중앙의 꽃을 액자처럼 둘러싸는 레이스캡수국 Lacecap. D : 피라미드 형태로 꽃이 달리는 떡갈잎수국 Ruby Slippers. 초록빛을 띤 봉오리는 완전히 피면 새하얗게 된다. 여름 한정이며, 잎 형태도 독특하다.

꽃의 구조 기본형은 레이스캡수국(오른쪽 위)인데, 중앙의 작은 꽃 '양성화'와 바깥쪽의 큰 꽃 '장식화'로 구성된다. 장식화의 꽃잎처럼 보이는 부분은 꽃받침으로, 중심에 아주 작은 꽃잎이 있다. 공 형태로 피는 타입(왼쪽)은 거의 장식화로 구성되지만, 장식화 사이에 양성화가 달린 것(아래)도 있다.

꽃 색상의 변화 처음에는 파란색을 살짝 띠는 흰색(오른쪽)이었다가 점점 파란색이 깊어져서(왼쪽) 마지막에는 진하고 아름다운 파란색(가운데)이 된다. 시시각각으로 꽃 색상이 변한다고 해서 칠변화라고 불리며 '변심', '변덕'이라는 꽃말도 있다.

꽃의 색상과 형태 절화용 수국은 공 형태 타입이 많고 흰색, 보라색, 파란색, 분홍색 계열 등 색상으로 판매되는 경우가 많다. 꽃잎 크기는 물론이고 형태도 원형, 가장자리가 프릴 형태인 것 등 가지각색이다. 물을 좋아하므로 장식할 때에는 물을 넉넉히 담는다.

추색수국 종류 E : 초록빛을 띤 시크한 색조의 베레나 앤티크 Verena Antique. F : 보라색에 녹색이 섞인 듯한 그러데이션이 아름다운 알프스 앤티크 Alps Antique. G : 산뜻한 분홍색이 사랑스러운 모니카 앤티크 Monika Antique.

다루는 법 POINT

줄기의 절단면 태우기 물올림은 다소 나쁘다. 절단면을 1cm 자르고 태워서 박테리아 번식을 막는다. 이러면 축 늘어지지 않는다.

아래쪽 잎 제거 잎이 크고 양도 많으므로 적당히 정리하면 물을 잘 흡수한다. 물에 잠기는 아래쪽 잎은 가위로 제거한다.

송이를 잘라 나누어 사이즈 조절 꽃 하나가 너무 클 때에는 송이를 잘라 나눈다. 송이는 물에 띄우거나, 추색수국이라면 드라이플라워로 만들어도 좋다.

시든 꽃은 테이프로 제거 시간이 지나면 시든 꽃이 팔랑팔랑 떨어진다. 신경이 쓰일 때에는 접착테이프를 사용하면 간단히 정리할 수 있다.

다양하게 즐기는 법

ARRANGEMENT

우수를 띤 추색수국은 깊어 가는 가을 정취 그 자체입니다. 장식할 때 나무 접시 가장자리가 가려지지 않게 사이즈를 맞추는 것이 아름다움을 결정하는 요소입니다. 제철 과일인 잘 익은 무화과가 분위기를 돋웁니다.

사용한 화재 / 추색수국(알프스 앤티크Alps Antique), 과꽃China Aster, 안개나무Smoke Tree, 무화과Fig

ARRANGEMENT

로열블루색의 수국을 흰색 화기에 꽂았습니다. 상쾌한 청량감을 주어 초여름에 제격입니다. 화기 가장자리에 잎이 걸치게끔 하면 균형감이 좋아 보입니다.

GARLAND

송이를 자른 뒤에 드라이플라워로 만든 추색수국을 끈으로 연결해 가랜드로 완성했습니다.

사용한 꽃 / 수국

19
아스트란티아
Astrantia

a 로마 Roma / b 밀리언 스타 Million Star

20
치자나무
Common gardenia

19 아스트란티아
Astrantia

Data	**과명** 산형과	**원산지** 유럽, 서아시아
	풀길이 30~60cm	**꽃 지름** 3~4cm
	유통 시기 연중	**절화 수명** 7~10일

서양에서는 초여름의 정원을 화사하게 물들이는 여러해살이풀로 친숙하지만, 일본에서는 주로 절화로 이용됩니다. 원종은 약 10종이며 원예 품종 '마요르Major'가 주로 유통됩니다. 바람에 살랑이는 내추럴한 모습과 세공품 같은 섬세하고 귀여운 꽃이 매력입니다. 이름은 꽃이 핀 모습이 별이 빛나는 모습 같다고 하여 그리스어로 별을 의미하는 '아스테르(aster)'에서 유래했습니다. 꽃은 흰색, 분홍색, 와인레드색, 연녹색 등이 있습니다. 독특한 향이 있으므로 과하게 사용하지 않도록 주의합니다.

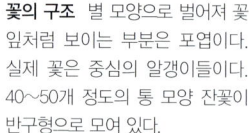

꽃의 구조 별 모양으로 벌어져 꽃잎처럼 보이는 부분은 포엽이다. 실제 꽃은 중심의 알갱이들이다. 40~50개 정도의 통 모양 잔꽃이 반구형으로 모여 있다.

주로 유통되는 품종 어느 품종이든지 갈라진 가지에서 많은 꽃이 핀다. **A** : 유통량이 많은 마요르Major. 연녹색과 흰색이 섞인 오묘한 색을 띤다. **B** : 와인레드색의 시크한 로마Roma. 꽃송이가 비교적 큰 점이 특징이다. **C** : 마요르를 축소한 듯한 밀리언 스타Million Star. 꽃은 작지만 꽃이 잘 핀다.

꽃이 달리는 방식 갈라져 나간 가지 끝에 하나가 아니라 여러 개의 꽃이 달리는 일도 있다. 시간이 지나면 끝부분부터 변색된다. 공 형태로 모인 잎은 그다지 눈에 띄지 않는다.

꽃 사이즈 품종에 따라 꽃 사이즈가 다르다. 왼쪽이 약 3cm인 밀리언 스타Million Star, 오른쪽이 약 4cm인 로마Roma.

다루는 법 Point

높이를 살려서 장식 길게 뻗은 줄기의 길이를 살려서 높이가 있는 화기에 장식하면 청초하고 소박한 멋이 돋보인다. 물에 잠기는 아래쪽 잎은 제거한다.

깊은 물에서 회복 물올림이 좋다. 다만 물이 내려가기 쉬우므로 꽃이 축 늘어져 있으면 신문지로 전체를 싸고 하룻밤 정도 깊은 물에 담그면 좋다.

드라이플라워로 즐기기 바스락거리는 질감이므로 드라이플라워에 적합하다. 꽃이 변색되기 전에 매달아서 말린다. 옅은 색보다 짙은 색이 예쁘게 마른다.

20 치자나무
Common gardenia

DATA	과명 꼭두서니과	원산지 일본, 중국, 대만, 인도차이나
	가지 길이 20cm 전후	꽃 지름 8cm 전후
	유통 시기 5~7월	절화 수명 4일 전후

장마 무렵에 강하고 달콤한 향을 자욱하게 풍기는 치자나무는 울타리나 정원수로 이용되는 관목입니다. 향은 밤에 더욱 강해집니다. 비단 같은 새하얀 꽃은 노란색으로 금방 변색되기 때문에 절화로 유통되는 양은 적으므로 화분에서 잘라서 장식해도 좋습니다. 가을에는 오렌지색 열매가 달리며 예로부터 노란색 염료와 산치자라고 불리는 한약재로 사용되었습니다.

A

B

C

절화와 분화 겹꽃형과 홑꽃형이 있다. 주로 겹꽃형이 유통된다. A : 매트하고 두툼한 꽃잎이 겹쳐 있는 절화용 겹꽃이고, 꽃도 잎도 대형인 오야에쿠치나시大八重梔子가 주류이다.
B : 분화용 겹꽃 2종. 높이 40cm 정도의 소형종이 많다. C : 절화(왼쪽)와 분화(오른쪽)의 가지를 비교하면 크기 차이가 뚜렷하다.

분화로 오래 즐기기 지름 15cm 정도 크기의 화분에서 재배하기 적당하다. 봉오리가 잇달아 개화한다. 수술이 꽃잎으로 변한 겹꽃종은 열매를 맺지 않는다.

봉오리와 잎 봉오리는 나선형으로 말린다. 잎은 윤기가 나며 상록성이고 예뻐서 개화 후에도 즐길 수 있다.

다루는 법 POINT

절단면에 가지 쪼개기
물올림이 좋다. 가지 밑동에 가위집을 내서 절단면을 벌리면, 흡수 면적이 넓어져 물이 고루 전달된다. 전정가위를 사용한다.

꽃은 노란색에서 갈색으로 변색 새하얀 꽃잎은 가장자리부터 노랗게 변색되기 시작해 전체가 갈색으로 변한다. 노랗게 변해도 향은 약해지지 않으므로 바로 버리지는 않는다.

꽃 장식법 물을 좋아하므로 물을 넉넉히 담아 장식한다. 절화 영양제를 사용해도 좋다. 꽃이 크고 볼륨감이 있는 절화는 호화로운 분위기가 난다(왼쪽). 한편 분화를 잘라 몇 송이만 유리컵에 장식하면 상쾌해 보인다(오른쪽).

21
비부르눔 스노우볼
VIBURNUM SNOWBALL

22 덩굴성 식물

Vine

a 녹영 String-Of-Beads Senecio / b 슈가바인 Sugar Vine
c 와이어 플랜트 Wire Plant / d 학재스민 Pink Jasmine / e 아이비 Ivy / f 파부초 Stemona

21 비부르눔 스노우볼
Viburnum snowball

Data | 과명 인동과 | 원산지 동아시아, 유럽
가지 길이 70~120cm
유통 시기 연중 | 절화 수명 약 10일

가지 한 대에 수국을 축소한 듯한 공 모양의 꽃이 여럿 달리는 인기 있는 꽃나무입니다. 개화기는 4~5월로 라임그린색의 산뜻한 꽃이 핍니다. 개화함에 따라 꽃 색상은 희게 변합니다. 그 모습이 눈덩이처럼 보여서 '스노우볼'이라는 이름이 붙었습니다. 예전에는 비부르눔이라고 하면 이 꽃을 가리켰지만, 같은 속의 '비부르눔 티누스Viburnum Tinus(109쪽 참조)'가 열매 소재로 유통되자, 비부르눔 뒤에 '스노우볼'이라고 붙여서 구별하고 있습니다. 최근에는 연분홍색 꽃도 유통됩니다.

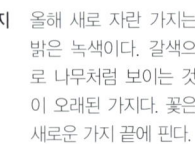

꽃 지름 약 1cm의 잔꽃이 공 모양으로 모여서 가지 끝에 매달려 핀다.

잎 단풍잎처럼 크게 갈라진 잎은 얇고 부드럽다.

가지 올해 새로 자란 가지는 밝은 녹색이다. 갈색으로 나무처럼 보이는 것이 오래된 가지다. 꽃은 새로운 가지 끝에 핀다.

꽃의 생장 정원 등에서 재배하면 가을에 단풍이 들고 낙엽이 진다. 봄이 되면 산뜻한 신록의 잎이 자라고, 꽃도 주먹만 한 공 모양으로 생장한다.

꽃의 변화에 주목 연녹색의 작은 봉오리(왼쪽)가 크게 벌어지면서 더욱 연한 녹색(오른쪽)이 된다. 완전히 피면 새하얗게 된다. 구입 시에는 봉오리가 너무 단단하지 않은 것을 고르면 마지막까지 즐길 수 있다.

새로운 가지와 오래된 가지 나무처럼 변한 갈색의 오래된 가지에서 새로운 녹색 가지가 나온다. 절화로 장식할 때 오래된 가지를 남기지 않으면 물이 내려가서 고개가 처지기 쉬우므로 주의한다.

다루는 법 Point

절단면에 가지 쪼개기 물올림은 다소 나쁘고 물이 내려가기 쉽다. 가지 밑동에 가위집을 내서 절단면을 벌리면, 흡수 면적이 넓어져 물이 고루 전달된다.

절화 영양제 사용 꽃의 물올림을 촉진하고 영양을 공급하며 화기의 물을 청결하게 유지하는 효과가 있는 절화 영양제를 사용하면 꽃의 수명이 길어진다.

높이가 있는 화기에 장식 긴 길이와 볼륨감을 살려서 높이가 있는 화기에 장식해 내추럴한 운치를 즐긴다. 풍성하고 부드러운 분위기를 더하는 조연으로도 활약한다.

오래된 가지 남기기 오래된 가지에서 갈라져 나온 부분이 화기 가장자리에 닿도록 길이를 조절하면 균형감 있게 장식할 수 있다. 물에 잠기는 잎은 제거한다.

22 덩굴성 식물
Vine

자립하지 못하고 다른 식물이나 물건에 의지해 생장하는 식물입니다. 관엽 식물 중에도 덩굴성은 많으므로 화분에서 잘라서 사용하기도 합니다. 초록(잎) 소재는 꽃을 돋보이게 하는 조연이라고 생각하기 쉬우나, 튼튼하고 다루기 쉬우므로 단독으로 장식해도 근사합니다. 매달거나 벽에 거는 등 늘어지는 성질을 잘 활용해 즐겨 봅시다.

와이어 플랜트 Wire plant

Data | 과명 마디풀과 | 원산지 뉴질랜드
풀길이 40~100cm | 유통 시기 연중 | 절엽 수명 10일 전후

이름처럼 철사 같이 단단하고 가는 줄기는 붉은빛을 띠고 있으며, 작고 둥근 녹색 잎이 무작위로 달린다. 화기에 넣으면 가볍게 아래로 늘어지므로 경쾌하고 부드러운 분위기가 연출된다. 사진처럼 벽에 걸어도 멋지다. 어떤 꽃과도 궁합이 좋아 꽃의 매력을 돋보이게 하는 훌륭한 조연이다. 재배하기 쉬우므로 화분 하나만 가지고 있으면 원할 때 잘라 사용할 수 있어 편리하다. 물올림은 좋지만 쉽게 건조해지므로 분무기로 자주 물을 뿌려 준다.

아이비 Ivy

Data | 과명 두릅나무과 | 다른 이름 헤데라 | 원산지 유럽, 북아프리카, 아시아
풀길이 60cm 전후 | 유통 시기 연중 | 절엽 수명 1개월 전후

절엽으로 유통되는 품종은 15~20종이다. 크기와 형태가 다르거나, 흰색과 노란색의 반점이 있는 등 개성이 풍부하다. 화분에서 잘라 사용해도 좋다. 물올림이 좋고 줄기도 잘 썩지 않으며, 물에 꽂아 두면 뿌리가 나오기도 한다. A : 흰색 반점이 특징인 화이트 원더White Wonder. B : 샤프한 인상의 피츠버그Pittsburgh. C : 녹색 잎의 농담이 아름다운 민트 콜리브리Mint Kolibri. D : 둥근 형태가 사랑스러운, 흰색 반점이 있는 콜리브리Kolibri.

슈가바인 Sugar vine

Data | 과명 포도과 | 원산지 중국, 한국, 일본
풀길이 60cm 전후 | 유통 시기 연중 | 절엽 수명 1~2주일

손을 펼친 듯한 모양으로 작은 5장의 잎이 간격을 두고 이어지는 모습이 내추럴하고 경쾌하다. 줄기가 부드러우므로 나긋나긋한 움직임을 쉽게 만들 수 있다. 잎 뒷면에 희고 달콤한 수액이 묻어 있어서 '설탕 덩굴'이라는 의미의 '슈가바인'이라는 이름이 붙었다. 재배하기 쉬우므로 화분 하나만 가지고 있으면 잘라 사용할 수 있어 편리하다(왼쪽). 물올림은 좋지만 쉽게 건조해지므로 분무기로 자주 물을 뿌려 준다.

녹영 String-of-beads senecio

Data | 과명 국화과
원산지 아프리카의 나미비아
풀길이 20~30cm 전후
유통 시기 연중
절엽 수명 7~10일

가늘고 긴 줄기에 방울 모양의 잎이 줄지어 달린 모습이 마치 목걸이 같다. 건조에 강한 다육 식물로, 특징적인 둥근 잎은 물을 비축해 두기 위해 진화한 것이다. 독특한 모습을 살려서 감거나 늘어뜨리면 어레인지먼트에 움직임을 나타낼 수 있다. 재배해 두면 필요할 때 사용할 수 있어서 편리하다. 잎이 초승달 모양인 것도 있다. 물올림이 좋다.

학자스민 Pink jasmine

Data | 과명 물푸레나무과
원산지 중국
가지 길이 40~100cm
유통 시기 연중
절엽 수명 7~10일

덩굴성 관목이다. 봄부터 초여름에 걸쳐 향이 좋은 분홍색 또는 흰색의 통 모양 꽃이 덩굴 하나에 30~40개 개화하므로 만발했을 때에는 숨이 막힐 만큼 향이 강렬하다. 꽃은 화분에서 잘라 사용하며, 덩굴은 양이 적기는 하지만 초록 소재로서 일 년 내내 유통된다. 물올림이 좋다. 장식할 때에는 늘어뜨리거나 화기 가장자리나 손잡이 등에 감아서 사용해도 좋다.

파부초 Stemona

Data | 과명 백부과
원산지 중국
풀길이 30~50cm
유통 시기 연중
절엽 수명 7~10일

18세기 초에 중국에서 일본으로 전해져 꽃꽂이용으로 애용되었다. 윤기가 있는 밝은 녹색의 잎은 상쾌한 느낌을 주고, 줄기 끝이 덩굴을 지어 나선을 그리듯이 둥글게 감기는 모습이 사랑스럽다. 동양 꽃은 물론 서양 꽃에도 잘 어울리고 결혼식에서도 인기가 있다. 잎 형태가 둥근 것도 있다. 물올림이 좋다.

COLUMN
스몰 개더링

외국의 라이프스타일 잡지에서 '스몰 개더링'을 처음 알게 되었습니다. 스몰 개더링은 식탁을 둘러싸고 가족과 친구, 친한 사람들이 서로 이야기를 주고받는 작은 모임을 말합니다. 실내든 야외든 상관없이 근사한 장소를 발견했다면, 평소에 사용하던 다이닝 테이블과 의자를 옮겨 보세요. 나무 상자를 테이블 대신 사용해도 좋습니다. 테이블을 완벽하게 꾸미지 않아도 괜찮아요. 손님과 함께 완성하는 것도 즐겁습니다.

손수 차린 식사, 특별하게 꾸민 테이블, 친한 사람들과의 대화…. 적은 인원으로 가볍게 즐길 수 있는 스몰 개더링은 평범한 일상을 다채롭게 물들여, 우리에게 특별한 시간을 선사합니다.

1:00 P.M.

풍성하게 담아 본 제철 과일

Gathering GARDEN TEA PARTY

마음에 드는 그릇으로 테이블 세팅

2:00 P.M.

COLUMN

이날 고른 꽃은 파란색 마트리카리아

Lilac, viburnum, eucalyptus, matricaria …… and some friends

3:00 P.M.

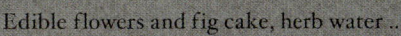

Edible flowers and fig cake, herb water ……

23
꽃도라지
EUSTOMA

a 앰버 더블 퍼플 Amber Double Purple / b 셀럽 화이트 Celeb White / c 레이나 화이트 Reina White

d 셀럽 핑크 Celeb Pink
e 그라나스 라이트 핑크 Granas Light Pink
f 클라리스 핑크 Claris Pink
g 앤티크 핑크 Antique Pink
h 세실 핑크 Cecil Pink

23 꽃도라지
EUSTOMA

DATA | 과명 용담과 | 다른 이름 리시안서스 | 원산지 북아메리카
풀길이 70~100cm | 꽃 지름 5~12cm
유통 시기 연중 | 절화 수명 10~14일

'터키도라지'라고도 불리는데 터키나 도라지 어느 쪽과도 관계가 없고, 원종의 꽃 색상이 터키블루색과 같다든가 꽃 형태가 도라지와 닮았다든가 하는 등 이름의 유래에는 여러 설이 있습니다. 일본에서는 1970년대부터 육종이 활발히 이루어졌고, 프릴형 대륜과 장미 같은 겹꽃형 등 품종 개량이 왕성히 진행되어 300종 이상의 품종이 만들어졌습니다. 더위에 강하고 수명이 길며 꽃 색상도 풍부해 여름에 인기가 많습니다. 최근에는 꽃 개수를 적게 해 대륜으로 만드는 재배 방법으로 꽃도 더욱 커지고 있습니다.

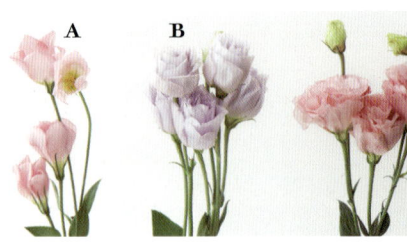

꽃 꽃잎은 얇고 섬세하다.
잎 두툼한 잎이 줄기에 좌우대칭으로 달린다.
줄기 굵은 주경에서 갈라져 나가고, 표면이 반들반들하다.

스프레이형 갈라져 나간 가지 끝에 꽃이 달리므로 잘라 나누면 볼륨감을 나타낼 수 있다. 봉오리는 단단히 닫혀 있지 않으면 개화한다.

사이즈의 기준
거대륜 꽃 지름이 10cm 이상 앤티크 핑크・12cm
대륜 꽃 지름이 10cm 미만 기코시・8cm
스탠더드 꽃 지름이 6cm 이하 슈크림・6cm

겹꽃형은 진화 중 재배 방법의 차이로 사이즈는 달라진다.

대표적인 화형 꽃잎이 많은 겹꽃은 피는 모습에 따라 인상이 달라진다. A : 산뜻한 모습의 홑꽃형. 세실 핑크 Cecil Pink. B : 컵형의 장미처럼 말린 모습이 아름다운 장미형. 로지나 라벤더 Rosina Lavender. C : 꽃잎 끝이 물결치고 톱니가 있는 프린지형. 셀럽 핑크 Celeb Pink.

꽃잎 색상에도 주목 D : 주류는 꽃잎 전체가 같은 색(단색)인 것. 슈크림 Chou Cream. E : 흰색 꽃잎 가장자리에 보라색이나 분홍색이 들어간 복륜(꽃잎의 가장자리가 다른 색인 것. '피코티'라고도 함). 로지나 블루 피코티 Rosina Blue Picotee. F : 흰색 꽃잎에 먹물 스민 자국이 난 듯 색이 들어간 플래시. 로벨라 블루 플래시 Robella Blue Flash.

다채로운 꽃 색상 G : 새하얗고 프릴이 들어간 중대륜의 해피니스 화이트 Happiness White. H : 커스터드 크림이 연상되는 슈크림 Chou Cream. I : 대륜 프린지형으로 산뜻한 녹색의 기코시貴公子. J : 분홍색으로 귀여운 인상을 주는 클라리스 핑크 Claris Pink. K : 진갈색이 시크하고 우아한 기후진貴婦人.

다루는 법 POINT

연해지는 꽃 색상 나중에 피는 꽃은 차츰 색이 연해져서 마지막에는 하얘지기도 한다. 한 줄기에서 그러데이션이 만들어진다.

잎은 손가락으로 제거 물에 잠기는 아래쪽 잎 등을 제거할 때에는 절단면이 작아지게끔 손가락 안쪽을 사용해 가로로 미끄러뜨리듯이 벗겨 낸다.

시든 꽃 잘라 내기 물올림이 좋다. 봉오리까지 잘 개화하므로 다 피어서 시든 꽃은 가위로 잘라 낸다. 줄기는 손으로 꺾어도 좋다.

잘라 나누어 사용 주경(뿌리에서 생장하는 줄기)에서 갈라져 나간 가지 부분을 가위로 자른다. 길이가 다르므로 장식할 때 높낮이 차를 낼 수 있어 편리하다.

다양하게 즐기는 법
ARRANGEMENT

ARRANGEMENT

꽃송이가 큰 화려한 프린지형 꽃에는 과감하게 볼륨감이 있는 큰 가지를 곁들이면 잘 어울립니다. 앤티크풍의 색상도 고상해 보입니다. 가방에 무심히 장식해 보면 어떨까요?

사용한 꽃 / 꽃도라지 2종(앤티크 핑크Antique Pink, 기후진貴婦人), 안개나무Smoke Tree

들판의 이미지를 떠올리며 꾸민 바스켓 어레인지먼트입니다. 흰색 겹꽃형 꽃도라지와 연녹색 식물의 산뜻한 배색이 초여름 고원의 상냥한 바람을 날라다 줄 것만 같습니다.

사용한 꽃 / 꽃도라지 3종(레이나 화이트Reina White, 해피니스 화이트Happiness White, 셀럽 화이트Celeb White), 델피니움Delphinium, 추색수국, 삼백초Asian Lizard's Tail, 센티드제라늄Scented Geranium

24 허브 Herb

a 레몬밤 Lemon Balm / b 타임 Thyme / c 센티드제라늄 Scented Geranium / d 레이스 라벤더 Lace Lavender / e 캐모마일 Chamomile / f 캣닢 Catnip / g 스피아민트 Spearmint / h 세이지 Sage

i 애플민트 Apple Mint / j 바질 Basil / k 센티드제라늄 Scented Geranium

24 허브
Herb

향기가 좋고 요리와 미용, 건강, 수공예 등 다양한 곳에 이용되는 허브입니다. 유럽 원산이 많고, 예로부터 생활에 유용한 식물로 많이 활용되었습니다. 튼튼하고 기르기 쉬우므로 직접 재배해 장식해 보는 것도 즐거움 중 하나입니다. 잎뿐만 아니라 꽃도 귀여워서 매력적입니다. 최근에는 절화(또는 절엽)로 유통되는 일도 늘었습니다.

민트 Mint

과명 꿀풀과 | **풀길이** 20~80cm

각기 다른 청량감이 있는 향이 난다. 스피아민트Spearmint(**A**), 애플민트 Apple Mint(**B**), 잎에 반점이 들어간 파인애플민트Pineapple Mint(**C**). 장식할 때, 물에 잠기는 아래쪽 잎은 제거한다. 마트리카리아Matricaria 등의 작은 꽃과 궁합이 좋다. 물에 꽂아 두면 뿌리가 나오는 일도 있다.

라벤더 Lavender

과명 꿀풀과 | **풀길이** 20~100cm

진정 효과가 있는 달콤한 향이 난다. 주로 초여름에 개화한다. 청자색 꽃이 피는 알라르디Allardii(**A**), 레이스 모양의 잎을 가진 레이스 라벤더Lace Lavender(**B**). 품종은 다양하다. 잘 무르고 물이 더러워지기 쉬우므로 장식할 때 물은 적게 담는다. 드라이플라워로도 즐길 수 있다.

로즈메리 Rosemary

과명 꿀풀과 | **풀길이** 10~150cm

야성미가 있는 농후한 향이 특징이다. 지면을 기듯이 자라는 포복성(**A**)과 곧게 서는 직립성(**B**)이 있다. 포복성은 섬세하므로 작은 꽃 등과 궁합이 좋다. 직립성은 장미 등과 함께 장식하면 좋다. 품종에 따라 개화기는 다르고 연푸른색, 흰색, 분홍색의 작은 꽃이 핀다.

바질 Basil

과명 꿀풀과 | **풀길이** 20~80cm

상쾌한 향이 나며 둥그스름한 잎은 볼륨감이 있다. 장미 등 존재감이 있는 꽃에 잘 어울리고 야성미가 있는 어레인지먼트에 사용하기 좋다. 물에 잠기는 아래쪽 잎은 제거한다. 초여름부터 가을에 걸쳐 작은 흰 꽃이 이삭 형태로 핀다. 무르면 잎이 변색되어 다른 꽃에 색이 옮기도 하므로 주의한다.

센티드제라늄
Scented geranium

과명 쥐손이풀과 | **풀길이** 20~100cm

독특한 방향이 난다. 장미와 비슷한 향이 나는 로즈제라늄Rose Geranium을 비롯해 향은 다양하다. 가로로 퍼지므로 잘라 나누어 사용한다. 반점이 예쁜 스노우플레이크Snowflake를 흰색 델피니움Delphinium과 장식하니 산뜻해 보인다.

캐모마일 Chamomile

과명 국화과 | **풀길이** 20~60cm

노란색 꽃과 겹꽃종 등도 있지만, 대표적인 것은 귀여운 작은 꽃과 사과 같은 향이 매력인 저먼캐모마일 German Chamomile이다. 개화기는 4~6월이다. 꽃은 섬세하고 고개를 숙여 피므로 높이가 있는 화기에 장식하면 사랑스럽다. 자잘한 레이스 모양의 잎도 아름답다.

세이지 Sage

과명 꿀풀과 **풀길이** 30~80cm

커먼 세이지Common Sage가 일반적이다. 초콜릿코스모스Chocolate Cosmos처럼 분위기 있는 꽃과 궁합이 좋다.

레몬밤
Lemon balm

과명 꿀풀과 **풀길이** 20~80cm

레몬을 닮은 방향이 난다. 생육이 왕성해 볼륨감은 있지만, 연녹색 잎은 섬세한 인상이라 부드럽고 내추럴한 장식에 어울린다.

타임 Thyme

과명 꿀풀과 **풀길이** 15~30cm

직립성과 포복성이 있다. 직립성은 꽃에 곁들이는 잎으로 사용하기 좋고, 포복성은 줄기가 유연해서 말아서 장식할 수 있다.

캣닢
Catnip

과명 꿀풀과 **풀길이** 30~100cm

고양이가 좋아하는 산뜻한 향이 난다. 실버그린색의 섬세한 잎에 보라색 잔꽃이 피는 모습은 단독으로 장식해도 근사하다.

다양하게 즐기는 법

TABLE SETTING

BOUQUET

칠판을 테이블 삼아 좋아하는 허브 가지를 한 대씩 나열해서, 보기에도 즐거운 식사 대접을 해 보면 어떨까요? 차로 마시거나 케이크 장식에 사용하는 등 허브를 즐기는 방법은 참 다양합니다.

사용한 화재 / 타임Thyme, 캣닢Catnip, 레몬밤Lemon Balm, 센티드제라늄Scented Geranium, 레이스 라벤더Lace Lavender, 로즈메리Rosemary, 캐모마일Chamomile, 민트 2종(애플민트Apple Mint, 파인애플민트Pineapple Mint), 바질Basil

10종의 허브를 섞어서 향을 즐기는 꽃다발을 만들었습니다. 허브는 섬세하므로 하나하나 빈틈을 만드는 느낌으로 부드럽게 겹칩니다. 선물로도 환영받고 주방이나 창가에 장식해도 좋습니다.

사용한 화재 / 센티드제라늄(스노우플레이크Snowflake), 라벤더 2종(레이스 라벤더Lace Lavender, 알라르디Allardii), 캐모마일Chamomile, 캣닢Catnip, 민트 3종(애플민트Apple Mint, 파인애플민트Pineapple Mint, 스피아민트Spearmint), 레몬밤Lemon Balm, 아미Queen Anne's Lace

25
베리류
Berry

레드커런트 Red Currant

블루베리 Blueberry

25 베리류
Berry

사계절이 있는 나라에서 베리류는 초여름 한정의 즐거움입니다. 생식용으로 판매되는 블루베리 등이 열매가 달린 가지 화재로서 꽃집에 유통됩니다. 어린 녹색 열매와 빨간색이나 파란색으로 익은 열매가 같은 가지에 나란히 달린 모습은 자연의 모습 그대로여서 계절감을 연출하는 데에 안성맞춤입니다. 정원이나 컨테이너 등에서 재배하면 열매를 수확하는 기쁨도 있습니다.

레드커런트
Red currant

Data
- 과명 범의귀과 | 원산지 유럽
- 가지 길이 70~160cm
- 유통 시기 5~6월
- 열매 수명 약 10일

가지 한 대에 늘어지듯이 달리는 송이 형태의 열매는 투명감이 있는 연녹색에서 반짝임이 있는 빨간색으로 변화한다. 익을수록 열매는 떨어지기 쉽지만 수명은 길다. 늘어지는 열매를 감상하므로 높이가 있는 화기에 장식하면 더 돋보인다. 근연종인 블랙커런트 Black Currant도 화재로 유통된다.

물에 열매 담그기 열매는 탄탄해서 물에 담가도 괜찮다. 매일 물을 갈면 5일 정도는 유지된다.

잎 정리 잎은 아름답지만, 열매를 가릴 만큼 달려 있을 때에는 열매가 잘 보이게끔 정리하면 좋다.

블루베리
Blueberry

Data
- 과명 진달래과 | 원산지 북아메리카 | 가지 길이 50~110cm
- 유통 시기 6~7월
- 열매 수명 약 1주일

일본에서 관상용 블루베리는 생식용 블루베리의 명산지 나가노현과 군마현산이 많다. 생식용의 전정지(과수 및 정원수를 자른 가지)와 미숙과(완전히 성숙하지 않은 열매)의 가지를 잘 활용하고 있기 때문이다. 겨울에 잎이 떨어지는 낙엽 관목이므로 단풍이 든 가지가 유통되기도 한다. 가지와 잎이 너무 크지 않아 다루기 쉽다.

낮은 화기에 장식 길이가 짧고 가로로 퍼지는 가지 모양을 살려서 낮은 화기에 장식한다. 초여름의 분위기가 난다.

가지 전정하기 가지가 갈라져 나간 부분에서 전정해 사이즈를 줄인다. 절단면에 가지 쪼개기(68쪽 참조)를 하면 물올림이 좋아진다.

준베리
Juneberry

Data
- 과명 장미과 | 원산지 북아메리카, 유럽 | 가지 길이 70~160cm
- 유통 시기 5월
- 열매 수명 약 1주일

낙엽 교목으로 봄에 잎이 다 자라기 전에 흰색의 작은 꽃이 피고, 이름처럼 6월에 지름 1cm 전후의 열매가 달린다. 녹색 열매는 익으면 빨간색으로 변해 점점 검은빛을 띤다. 가을 단풍도 아름다워서 정원수로도 인기가 있다. 재배하기 쉬우므로 나무 높이를 높이지 않고 컨테이너에서 재배하면 일 년 내내 즐길 수 있다.

잎의 아름다운 면 보이기 햇빛을 받는 면이 아름다우므로 확인한 뒤 장식한다. 물에 잠기는 아래쪽 잎은 제거한다.

잎 정리 열매가 잎에 가려지지 않게 잎을 정리한다. 열매가 아름답게 보이는 높이의 화기를 선택하면 좋다.

블랙베리
Black berry

Data
- 과명 장미과 | 원산지 미국 동부
- 가지 길이 15~50cm
- 유통 시기 5~9월
- 열매 수명 약 1주일

나무딸기 Berry의 일종으로 낙엽성의 덩굴식물 혹은 관목이다. 초여름에 개화한 뒤 열매를 맺는다. 녹색 열매는 루비처럼 붉게 물들어 마지막에는 검게 익는다. 열매는 익으면 쉽게 떨어지므로 빨갛게 되기 전의 열매가 많이 유통된다. 40~50cm 길이가 다루기 쉽고, 가시가 있으므로 주의한다.

중량감이 있는 화기에 장식 열매의 무게로 가지가 늘어지므로 중량감이 있는 높은 화기를 선택하면 균형이 맞는다.

물드는 단계 즐기기 열매는 녹색에서 서서히 빨간색으로 익는다. 물올림이 좋다. 물에 잠기는 아래쪽 잎은 제거한다.

다양하게 즐기는 법

Arrangement

붉게 물든 블랙베리와 꽃의 조합은 그 계절만의 즐거움입니다. 꽃과 함께 장식하면 사랑스러운 매력도 한층 커집니다. 정원에서 갓 딴 듯한 싱그러움은 아무리 봐도 질리지 않을 만큼 아름답습니다.

사용한 화재 / 블랙베리Black Berry, 장미(외르 마지크Heure Magique), 아미(다우쿠스 블랙 나이트Daucus Black Knight)

Arrangement

블루베리 가지의 모양을 그대로 살려서 확 퍼지는 듯한 모습으로 큼직하게 장식했습니다. 흰색 꽃이 녹색 열매를 밝게 보이도록 하는데, 폭신한 인상의 꽃을 고르면 가벼움도 더해집니다.

사용한 화재 / 블루베리Blueberry, 아미(그린 미스트Green Mist), 알리움 기간테움Allium Giganteum, 다육 식물

26
안개나무
SMOKE TREE

그린 파운틴 Green Fountain

27
플란넬 플라워
FLANNEL FLOWER

26 안개나무
SMOKE TREE

DATA | 과명 옻나무과 | 원산지 남유럽, 중국, 미국
가지 길이 50~100㎝ | 꽃차례 길이 약 20㎝
유통 시기 5~6월, 9~10월 | 절화 수명 5~10일

폭신한 깃털 모양의 부분은 꽃이 핀 뒤에 길게 자란 꽃자루입니다. 이 모습이 연기처럼 부옇게 보이는 데에서 안개나무라는 이름이 붙었습니다. 가을에는 와인색으로 단풍이 든 품종도 등장합니다. 어레인지먼트에서는 어떤 꽃과도 궁합이 좋으며 차분하고 부드러운 분위기를 연출해 줍니다. 물론 단독으로 장식해도 근사합니다. 꽃이 피기 전의 잎은 '코티너스Cotinus'라는 이름으로 유통되고, 잎이 와인색인 '로열 퍼플Royal Purple' 등이 인기입니다.

씨 검은색 알갱이가 씨다. 자연계에서는 바람을 타고 멀리 날아가기 위해 꽃자루가 깃털 모양으로 자란다.

꽃자루 씨가 되지 않는 꽃의 가지로, 개화 후에 길게 자란다.

잎 일반적으로 원형이나 달걀형이다.

주로 유통되는 품종 색상은 빨간색, 흰색, 분홍색, 녹색이 있으며 유통되는 품종이 늘고 있다. **A**: 선명한 분홍색이 유달리 아름다운 레드 퍼Red Fur. **B**: 라임그린색에 희미한 분홍색을 띠어 색이 예쁜 그린 파운틴Green Fountain.

드라이플라워로 즐기기 쉽게 건조되어 드라이플라워로 감상하기에 알맞다. 잎은 쪼그라들고 꽃이삭은 약간 색이 바래어 바스락거리지만 아름다움은 유지된다. 인테리어에 추천한다.

꽃의 구조 낙엽수로 암그루와 수그루가 있고, 꽃이삭이 깃털처럼 되는 것은 암그루뿐이다. 5~6월에 지름 약 3㎜의 작은 연녹색 꽃이 이삭 형태로 많이 피고, 개화함에 따라 보라색을 띤다. 꽃이 핀 뒤에 암그루는 불임화(씨를 맺지 못하는 꽃)의 가지(꽃자루)가 길게 자라서 깃털처럼 된다.

다루는 법 POINT

절단면에 가지 쪼개기 물올림은 나쁘지 않다. 가지 밑동에 가위집을 내서 절단면을 벌리면, 흡수 면적이 넓어져 물이 고루 전달된다. 전정가위를 사용한다.

아래쪽 잎 제거 물에 잠기는 아래쪽 잎은 가위로 잘라 낸다. 잎은 물이 내려가기 쉬우므로 제거하는 편이 좋지만 모양이 예쁘므로 약간 남겨서 즐긴다.

가지를 잘라 나누기 굵은 가지 한 대에서 가는 가지가 여러 갈래로 퍼지므로 가지가 갈라져 나간 부분을 가위로 자른다. 그러면 장식할 때에도 다루기 쉽다.

물은 적게 담기 물은 적게 담고 매일 갈아 준다. 잘라 나눈 가지를 방사형으로 퍼지듯이 꽂으면 풍성하고 부드러운 멋을 살릴 수 있다.

27 플란넬 플라워
FLANNEL FLOWER

DATA | **과명** 산형과 | **원산지** 오스트레일리아
풀길이 15~35cm | **꽃 지름** 약 4cm
유통 시기 연중 | **절화 수명** 5~7일

오스트레일리아 원산의 들꽃입니다. 꽃과 잎은 두툼하며, 꽃 전체에 촘촘히 난 흰색 솜털의 촉감이 플란넬을 닮은 데에서 이름이 유래했습니다. 사랑스러운 꽃 모양과 내추럴하게 구부러진 줄기, 흰색 꽃과 모스그린색 잎 등이 자아내는 소박하고 따뜻한 분위기가 인기의 이유입니다. 캐주얼한 가든 웨딩 등에서 애용합니다.

꽃의 구조 원산지 오스트레일리아의 건조 기후에 맞게 진화했다. 마거리트 Marguerite를 닮은 꽃에서 꽃잎처럼 보이는 부분은 포엽이다. 실제 꽃은 포엽 중심에 있고, 그곳에 작은 꽃이 많이 달려 있어 우산처럼 봉긋 솟은 듯 보인다.

포엽 / 줄기와 잎

꽃
포엽 꽃이 달린 부분에 생기는 잎으로, 봉오리를 덮어서 보호하는 역할을 한다. 끝이 스모키한 녹색을 띠는 것이 특징이다.

줄기와 잎 줄기와 잎이 흰 솜털로 빈틈없이 뒤덮여 있어 흰빛을 띠는 녹색이 부드러운 분위기를 자아낸다. 크리스마스에 특히 수요가 많아진다.

드라이플라워로 즐기기 매달아 두면 드라이플라워가 된다. 화기에 장식하거나 벽에 걸어 즐긴다.

다루는 법 POINT

실버그린색 잎과 궁합이 좋음 줄기는 가냘프고 잎도 섬세하므로 단독으로 장식하기보다는 색이 비슷한 은빛 잎과 조합하면 좋다. 유칼립투스Eucalyptus(112쪽 참조)와 더스티 밀러Dusty Miller 등을 추천한다.

깊은 물에 담그기 물올림은 그다지 좋지 않다. 구입한 뒤 바로 신문지로 꽃 전체를 싸고 줄기 끝을 물속에서 자른 다음. 깊이가 있는 화기에 물을 넉넉히 담아 1~2시간 담근다. 전체에 물이 고루 전달되면 물이 잘 내려가지 않는다.

28
코스모스
Cosmos

a 더블클릭 로즈 본본Double Click Rose Bonbon / b, j 스노우 퍼프Snow Puff / c, i 더블클릭 화이트Double Click White
d, h 피코티Picotee / e 센세이션 핑키Sensation Pinkie / f, g, k 센세이션 화이트Sensation White

28 코스모스
Cosmos

DATA | 과명 국화과 | 원산지 멕시코
풀길이 40~100cm | 꽃 지름 3~5cm
유통 시기 8~11월 | 절화 수명 5~10일

가을을 대표하는 꽃입니다. 가련하고 나긋나긋한 모습에서는 상상하기 어렵지만, 강한 바람에도 쓰러지지 않고 흔들리는 유연하고 힘찬 일면도 지니고 있습니다. 콜럼버스가 미국 대륙에 도착한 뒤 조사대가 멕시코에서 스페인으로 가지고 돌아가 그리스어로 '질서', '조화', '아름다움'이라는 의미의 'kosmos'에서 이름을 따서 '코스모스'라고 이름 붙였습니다. 분홍색 홑꽃형이 일반적인데, 다른 종인 '노랑코스모스Yellow Cosmos'와 교배해 노란색 품종도 등장했습니다.

꽃 대부분 홑꽃형이다. 분홍색 꽃 색상에도 여러 종류가 있다.

잎 가늘고 긴 잎이 무성하게 달리는 품종이 많다.

줄기 가늘고 길며 가지도 많이 갈라져 나간다. 끝부분일수록 잘 휘어진다.

꽃 종류 대부분 홑꽃형이지만 겹꽃형. 꽃잎이 통 모양인 것. 꽃잎 가장자리에 자잘한 톱니가 들어간 프린지형 등도 있다. **A** : 꽃잎은 통 모양이며, 반겹꽃형과 겹꽃형이 있는 화사한 더블클릭 시리즈이다. 흰색 바탕에 연지를 바른 듯한 더블클릭 화이트Double Click White. **B** : 순백색의 스노우 퍼프Snow Puff. **C** : 홑꽃형으로 흰 꽃이 피는 센세이션 화이트Sensation White. **D** : 짙은 빨간색의 대륜종 레드 베르사유Red Versailles. **E** : 분홍색의 센세이션 핑키Sensation Pinkie. **F** : 겹꽃형으로 호화로운 더블클릭 로즈 본본Double Click Rose Bonbon. **G** : 흰 꽃잎 가장자리에 빨간색 계열의 색이 들어간 피코티Picotee. 색이 나타나는 방식에는 개체차가 있다.

꽃의 전체 모습 꽃과 잎이 국화를 닮은 이유는 국화과이기 때문이다. 줄기와 잎 모두 가늘며, 줄기는 쉽게 꺾이므로 조심히 다룬다.

개화할 봉오리 분별법 꽃과 함께 봉오리도 달려 있는데, 약간 물이 든 봉오리(오른쪽)는 개화하지만 녹색의 단단한 봉오리(왼쪽)는 개화하지 않는다.

꽃가루에 주의 꽃이 질 무렵이 되면 꽃가루도 커져서 벌어진다. 옷에 묻으면 제거할 수 없으므로 주의한다.

다루는 법 POINT

아래쪽 잎 제거 물에 잠기는 아래쪽 잎은 가위로 잘라 낸다. 수북한 잎은 무르기 쉬우므로 적당히 솎아 내면 좋다.

깊은 물에 담그기 물올림은 다소 나쁘다. 구입한 뒤 신문지로 전체를 싸고 깊은 화기에 물을 담아 1~2시간 담궈 두면 오래 유지된다.

줄기를 잘라 나누기 한 줄기에서 가지가 여러 갈래로 갈라져 나가므로 화기의 높이에 맞춰 갈라져 나간 가지를 잘라 나누면 장식하기 쉽다.

높이가 있는 화기에 장식 바람에 살랑거리는 가는 줄기와 잎에 정취가 있으므로 높은 화기에 자연스럽게 장식해 가을의 정서를 연출한다.

들에 피는 코스모스를 꺾어 창가에 무심히 장식합니다. 꽃 무게로 고개를 숙이는 자연의 모습이 사랑스럽고, 햇빛에 반짝이는 투명한 유리병은 참 경쾌합니다. 병 두 개를 나란히 놓으면 귀여움도 배가 됩니다.

사용한 꽃 / 코스모스 5종(피코티Picotee, 센세이션 핑키Sensation Pinkie, 더블클릭 로즈 본본Double Click Rose Bonbon, 더블클릭 화이트Double Click White, 레드 베르사유Red Versailles)

다양하게 즐기는 법 ARRANGEMENT

흰색에 연분홍색을 더한 바스켓 어레인지먼트는 소박한 정취가 넘쳐 어쩐지 향수를 불러일으킵니다.
가늘고 유연한 줄기의 자연스러운 움직임을 살려서 흘러넘칠 듯 장식하는 것이 포인트입니다.

사용한 꽃 / 코스모스 3종(더블클릭 화이트Double Click White, 스노우 퍼프Snow Puff, 센세이션 화이트Sensation White), 단풍 미나즈키Minazuki

29
다알리아
DAHLIA

a 밋찬ミッチャン / b 체리 드롭Cherry Drop / c, g 라라라LaLaLa
d 문 왈츠Moon Waltz / e 아사히테마리朝日てまり / f 페어 뷰티Pair Beauty / h 고쿠초黒蝶

i 말컴스 화이트 Malcolm's White / j 하쿠초 白鳥

29 다알리아
Dahlia

DATA | 과명 국화과 | 원산지 멕시코
풀길이 50~100cm | 꽃 지름 8~30cm
유통 시기 연중 | 절화 수명 3~5일

19세기 유럽에서 큰 붐이 일어 원예 품종은 3만 종 이상에 달합니다. 원래는 봄에 심어 가을에 꽃을 즐기는 알뿌리 식물입니다. 일본에는 네덜란드 사람에 의해 19세기 중반에 전해졌습니다. 20세기 초중반에 유행했지만 시간이 지나 인기는 시들었습니다. 그러다 21세기에 검은 대륜 다알리아 '고쿠초黒蝶'가 크게 인기를 얻어서 다시 붐이 불었습니다. 신품종이 잇달아 등장해 일 년 내내 유통됩니다. 다만 고온다습한 여름은 싫어하므로 한여름을 제외한 초여름~늦가을이 유통 절정기입니다.

대표 품종 색상은 다양하고, 화형도 다채로워서 십여 종으로 분류된다. 주류는 꽃잎이 대롱 모양으로 좁고 길게 말린 캑터스형, 폭이 넓고 혀 모양의 꽃잎이 겹겹이 겹쳐 있는 데커레이티브형, 소륜이고 겹꽃으로 이뤄진 폼폰형의 3가지다. A : 꽃잎이 꼬여서 물결처럼 굽어진 뷰티풀 티처Beautiful Teacher. B : 둥근 꽃 모양이 사랑스러운 공 형태의 아사히테마리朝日てまり. C : 빨간색과 흰색이 섞인 라라라LaLaLa. D : 가장 표준적인 화형인 포멀 데커레이티브형의 페어 뷰티Pair Beauty. E : 다알리아 붐을 일으킨 세미 캑터스형의 고쿠초黒蝶. F : 불타는 듯한 깊은 빨간색의 넷쇼熱唱. G : 푸른빛을 띤 분홍색의 대형 공 형태의 밋찬ミッチャン. H : 투명감이 있는 오렌지색이 아름다운 해밀턴 주니어Hamilton Junior.

볼만한 꽃 사이즈 꽃의 대륜화가 이루어져 지름 10cm 전후의 소륜에서 30cm 이상의 거대륜까지 사이즈가 풍부하다. 흰색 다알리아 3종을 나란히 놓고 봐도 크기 차이는 뚜렷하다.
I : 시베리아Siberia(9cm). J : 사이세쓰彩雪(11.5cm). K : 말컴스 화이트Malcolm's White(23cm).

속이 빈 적갈색 줄기 줄기는 꽃 아래부터 밑동까지 속이 비어 있다. 힘을 주면 쉽게 꺾이므로 조심히 다룬다. 줄기는 적갈색인 경우가 많다.

다루는 법 POINT

구입 시 고르는 법 봉오리 상태로 꽃을 따면 예쁘게 개화하지 않으므로 개화한 꽃이 꽃집에 진열된다. 구입 시에는 70~80% 개화한 꽃을 고른다.

잎은 되도록 제거 물에 잠기는 아래쪽 잎은 물론이고, 다알리아의 잎은 상하기 쉬우므로 수분 증산을 막기 위해 가급적 제거한다.

줄기는 똑바로 자르기 물올림이 좋다. 물속에서 줄기를 자를 때, 속이 빈 줄기가 찌부러지지 않게 가위를 사용해 수평으로 자른다.

시든 꽃잎 대처법 겹꽃형은 바깥쪽 꽃잎이 휘면서 상하기 시작한다. 상해서 변색되었을 때에는 가위로 자르면 오래 즐길 수 있다.

다양하게 즐기는 법

Arrangement

다알리아는 색상, 사이즈, 화형 모든 것이 풍부해 저마다 매력이 있습니다. 한 송이만 장식해도 멋지지만, 높이와 방향을 자유롭게 해서 대범하게 즐겨 보면 어떨까요? 나무 상자에 꽃을 꽂은 빈 병을 나열했을 뿐인데 몇 번을 봐도 싫증이 나지 않을 만큼 아름답습니다.

사용한 꽃 / 다알리아 8종(뷰티풀 티처Beautiful Teacher, 해밀턴 주니어Hamilton Junior, 아사히테마리朝日てまり, 페어 뷰티Pair Beauty, 고쿠초黒蝶, 문 왈츠Moon Waltz, 라라라LaLaLa, 밋찬ミッチャン), 스카비오사Scabious

Bouquet

가을 햇살에 빛나는, 투명감이 있는 다알리아 꽃다발입니다. 은빛 잎을 가진 유칼립투스를 빙 둘러서 한층 더 빛이 납니다. 찢은 리넨을 리본 대신 사용한 수수한 스타일이 신선합니다.

사용한 화재 / 다알리아 4종(사이세쓰彩雪, 시베리아Siberia, 라라라LaLaLa, 체리 드롭Cherry Drop), 세루리아Serruria, 스카비오사Scabious 2종, 코스모스Cosmos 2종, 유칼립투스(포폴루스Popolus)

30
스카비오사
SCABIOUS

a 알바 Alba / b 안달루시아 Andalucia / c 퀸 Queen / d 마리모 마리모

31
세루리아

BLUSHING BRIDE

30 스카비오사
SCABIOUS

DATA | 과명 산토끼꽃과 | 원산지 서유럽 등
풀길이 30~70㎝ | 꽃 지름 1.5~6㎝
유통 시기 연중 | 절화 수명 3~5일

전 세계에 약 80종이 있고 일본에 자생하는 '체꽃'도 그중 한 종류입니다. 스카비오사라는 이름은 라틴어로 '옴'이라는 의미로, 스카비오사의 한 종류가 피부병을 낫게 한다고 믿은 데에서 유래했습니다. 절화로 자주 보는 것은 개화하면 꽃 중심이 솟아오르는 '서양스카비오사(꽃 색상이 풍부)'와 대륜으로 꽃잎이 넓은 '코카서스스카비오사(청자색과 크림색이 대부분)'를 주체로 한 원예 품종입니다. 일본에서 여름~가을의 산지는 홋카이도 등의 고랭지, 겨울~봄은 규슈 등이 중심입니다.

꽃 파란색, 보라색, 흰색, 분홍색 등 파스텔 색조 외에 시크한 색도 있다.

잎 깊게 찢어진 가늘고 긴 잎이 마주 보며 난다.

줄기 가늘고 길며 나긋나긋하다. 부드러운 줄기 라인도 매력 중 하나다.

꽃의 구조 줄기 끝에 작은 꽃이 빽빽이 모여 지름 1.5~6㎝ 크기로 개화한다. 중앙의 꽃은 통 모양으로 작고, 주위의 꽃은 입술 모양으로 크다. 수술은 4개다.

개화할 봉오리 분별법 봉오리가 약간 부푼 상태라면(왼쪽) 개화하지만, 작고 단단하면(오른쪽) 개화하기 어렵다. 밝은 곳에 두면 쉽게 개화한다.

대표 품종 대륜 한 송이만 달린 타입과 봉오리와 잎이 달린 스프레이 타입이 유통된다. **A** : 지름 약 3㎝의 슈테른 쿠겔 Stern Kugel. 독일어로 '별의 공'이라는 의미로, 개화 후에 생기는 열매의 집합이다. 드라이플라워에 적합하다. **B** : 녹색의 작은 공 모양이 사랑스러운 마리모まりも. **C** : 흰색과 적자색의 두 가지 빛깔이 아름다운 퀸 Queen. **D** : 꽃 색상이 인상적인 안달루시아 Andalucia. **E, F** : 코카서스스카비오사의 일종으로 프릴형 꽃잎이 우아하다. **E**는 알바 Alba. **F**는 파마 Fama.

다루는 법 POINT

깊은 물에 담그기 물올림이 좋다. 꽃이 축 늘어지기 쉬우므로 구입한 뒤 신문지로 전체를 싸고 줄기 끝을 물속에서 자른 다음 깊은 물에 1시간 정도 담근다.

아래쪽 잎 제거 물에 잠기는 아래쪽 잎은 가위로 잘라 낸다. 습기에 약하고 쉽게 무르므로 불필요한 잎을 제거하면 오래 유지된다.

좁고 긴 화기에 장식 늘씬한 줄기의 아름다움을 살리려면 좁고 긴 화기가 좋다. 절화 영양제를 사용하면 봉오리도 쉽게 개화한다.

31 세루리아
BLUSHING BRIDE

DATA | 과명 프로테아과 | 원산지 남아프리카
풀길이 약 40cm | 꽃 지름 5~10cm
유통 시기 5~11월 | 절화 수명 1주일 전후

남반구에서 볼 수 있는 신기한 야생화입니다. 40종 이상 있는 세루리아 중에서 절화로 유통되는 품종은 '세루리아 플로리다Serruria Florida'입니다. 끝이 뾰족한 꽃 모양이 특징이고, 이국적인 분위기가 느껴집니다. 일본에서는 재배가 어려워 주로 수입하고 주수입국은 오스트레일리아입니다. 꽃잎 끝이 분홍색으로 물드는 모습에서 영명으로 '브러싱 브라이드Blushing Bride(빰을 붉힌 신부)'라고 부르며 결혼식에서 인기가 있습니다. 고 다이애나 왕세자빈의 부케로도 사용되었다고 합니다.

꽃 줄기 끝에서 여러 갈래로 갈라져서 복수의 꽃이 송이 형태로 달린다.

잎 가는 원주형 잎이 날개를 편 듯이 달린다.

가지 가늘며 그다지 아름답지 않다.

꽃의 전체 모습 오스트레일리아에서는 높이 약 2m의 상록 관목으로 자라고 절화로 수출된다. 현지에서는 겨울~봄에 개화한다.

꽃잎이 아니라 포엽 겹겹이 겹쳐 있어 꽃잎처럼 보이는 부분은 포엽으로, 만지면 단단하다. 그 안쪽에 다수의 꽃이 빽빽이 들어 있다. 솜털이 인상적이다.

대표 품종 색상은 흰색과 분홍색뿐이다. 투명감이 있는 포엽은 아름답고, 청초한 인상을 자아낸다. 고개를 약간 숙여서 핀다. **A**: 개화할수록 중앙의 분홍색이 짙어지는 세루리아 플로리다Serruria Florida. **B**: 흰색에 라임그린색이 섞인 산뜻한 색상의 세루리아 화이트 Serruria White.

개화하지 않는 봉오리 한 줄기의 꼭대기에는 복수의 꽃이 달려 있다. 봉오리가 달려 있기도 하지만 개화하지 않는다.

다루는 법 POINT

짧게 해서 장식 가지가 별로 아름답지 않으므로 과감히 짧게 해서 꽃에 시선이 모이도록 장식한다. 화기도 가지가 가려지는 것을 고르면 좋다.

깊은 물에 담그기 물올림이 좋다. 건조에 강하지만 꽃이 축 늘어지기 쉬우므로 구입한 뒤 신문지로 전체를 싸고 줄기 끝을 물속에서 자른 다음 깊은 물에 1시간 담근다.

아래쪽 잎 제거 물에 잠기는 아래쪽 잎은 제거한다. 구입할 때에는 잎이 갈색이 아닌, 튼튼한 것을 고르면 좋다.

드라이플라워로 즐기기 마른 질감의 포엽은 드라이플라워에 적합하다. 예쁘게 피었을 무렵에 매달면 자연스럽게 드라이플라워가 된다. 마르면 약간 갈색으로 변한다.

32
심포리카르포스
SYMPHORICARPOS

a 화이트 헤지 White Hedge / b 스칼렛 펄 Scarlet Pearl

33
초콜릿코스모스
CHOCOLATE COSMOS

a 나가사키 쇼콜라長崎 Chocolat / b 초코모스Chocomos / c 앤티크 레드Antique Red / d 노엘 레드Noel Red

32 심포리카르포스
Symphoricarpos

DATA | **과명** 인동과 | **원산지** 북아메리카
가지 길이 50~70㎝
유통 시기 8월 하순~11월 | **열매 수명** 약 12일

초여름에 작은 꽃을 피우는 낙엽 관목이지만, 최고의 매력은 가을에 물드는 아름다운 열매입니다. 지름 1㎝ 정도의 광택이 있는 흰색 열매가 송이 형태로 달리는 모습에서, 영명으로 '스노우베리Snowberry'라는 이름이 붙었습니다. 심포리카르포스라는 이름도 그리스어로 '무리 지어 맺는 열매'라는 뜻입니다. 최근에는 분홍색, 연녹색, 빨간색도 유통되지만, 이 정도로 새하얗고 예쁜 열매 소재는 드물어 귀중한 존재입니다. 일본의 나가노와 야마가타 등의 고랭지에서 재배됩니다.

대표 품종 열매의 색은 흰색뿐 아니라 분홍색도 많이 유통된다. 이 외에 연녹색과 빨간색 등 열매가 큰 품종도 등장했다. **A** : 분홍빛이 사랑스러운 스칼렛 펄Scarlet Pearl. **B** : 예전부터 있던 흰색 품종 화이트 헤지White Hedge. 진주 같은 투명감이 아름답다.

갈색 열매는 제거 구입 시에는 열매에 상처나 오염이 없는 것을 고른다. 상하면 갈색으로 변하므로 조심히 다룬다. 변색된 열매는 손으로 부드럽게 제거한다.

잎 다루는 법 열매 주위에 잎이 너무 많으면 열매가 돋보이지 않는다. 적당히 손으로 제거하면 좋다. 또한 잎이 시들기 쉬우므로 불필요한 잎도 정리한다.

열매 둥근 열매는 지름이 약 1㎝이다. 가지 끝에 송이 형태로 달리는 것이 특징이다.

잎 타원형 또는 달걀형의 둥근 잎으로, 건조에 약하다.

가지 가늘며 끝에 모여 달리는 열매의 무게 때문에 잘 휘어진다.

꽃의 전체 모습 높이 1m 정도의 관목에서 잘라 가지 소재로 유통한다. 가지가 많이 갈라져 나가고, 가늘면서도 퍼지는 모양을 한다. 열매는 새의 식해를 입는 일도 없이 겨울까지 가지 위에 남는다.

다루는 법 Point

사선으로 재절단 물올림이 좋다. 가지 끝을 사선으로 자르기만 해도 좋지만, 열매가 익으면 물올림은 나빠진다. 아래쪽과 여분의 잎은 제거한다.

가지 잘라 나누기 길이가 있으므로 먼저 위아래를 잘라 나눈다. 가지가 갈라져 나간 부분의 위쪽을 자르면 좋다. 여분의 가지도 잘라 정리하면 장식하기 쉽다.

짧고 작게 장식 짧게 해서 장식하면 열매의 사랑스러움을 살릴 수 있다. 건조에 약해 물을 잘 흡수하므로 물은 넉넉히 담는다.

33 초콜릿코스모스
CHOCOLATE COSMOS

DATA	과명 국화과 | 원산지 멕시코 풀길이 60~80cm | 꽃 지름 3~5cm 유통 시기 연중 | 절화 수명 5~7일

검은빛을 띤 빨간색과 갈색 계열의 차분한 색조와 초콜릿을 닮은 향으로 인기가 있는 코스모스속 식물입니다. 초여름~가을에 개화하는 다년초이고, 일본에는 20세기 초반에 전해졌습니다. 다만 원예 품종이 절화로 정착된 것은 최근입니다. 꽃 색상의 시크한 분위기를 비롯해 줄기와 꽃의 섬세하고 균형적인 조화도 매력입니다. 동양풍과 서양풍 어느 쪽으로나 즐길 수 있고, 한 송이만으로도 근사합니다. 개량이 활발히 이루어져 꽃잎이 두툼한 것과 밝은색에서 어두운색까지 종류도 풍부합니다.

꽃 홑꽃형. 벨벳 같은 고급스러운 질감의 꽃잎은 8장이다.

잎 품종의 차이는 있지만 코스모스(90쪽 참조)의 잎처럼 갈라지지 않았다.

줄기 가늘고 길며 부드러운 라인이 우아하다. 윗부분은 초콜릿색이다.

꽃의 전체 모습 늘씬하게 뻗은 긴 줄기 끝에 어두운 색상의 꽃이 한 송이 달린다. 단단한 봉오리는 거의 개화하지 않는다.

대표 품종 노랑코스모스Yellow Cosmos와 교배가 이루어져 새로운 꽃 색상과 크기가 큰 꽃 등 신품종도 등장했다. 일본산만 유통된다. **A**: 원종 초콜릿코스모스. 가장 향이 강하고, 꽃잎 가장자리의 톱니 모양도 매력적이다. **B**: 붉은빛을 띤 앤티크 레드Antique Red. **C**: 깊은 스칼렛색의 노엘 레드Noel Red. 꽃은 약간 크고 향은 약하다.

MEMO

초콜릿코스모스는 씨가 생기지 않으므로 자연적으로 번식할 수는 없다. 눈꽂이 등 인공적인 방법으로 번식시키지 않으면 살아남을 수 없기 때문에 야생 초콜릿코스모스는 멸종되었다고 여겨진다. 하지만 노랑코스모스와 교배해 품종이 늘어난 동시에 개화 기간도 길어져서 한여름을 제외하고 언제든지 쉽게 구할 수 있게 되었다. 교배종의 향은 약하다. 일몰이 가까워지면 꽃이 고개를 숙이고 활기가 없어지는데 이는 어두워지면 잠드는 성질 때문이다. 아침이 되면 줄기는 다시 꼿꼿이 위쪽을 향하고 생기를 띤다.

다루는 법 POINT

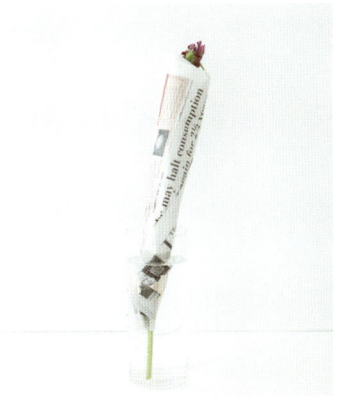

깊은 물에 담그기 물올림은 나쁜 편이다. 생기가 없어지면 신문지로 전체를 싸고 줄기 끝을 물속에서 자른 뒤, 1시간 정도 담그면 회복한다.

줄기의 아름다움 살리기 늘씬하게 뻗은 긴 줄기를 살려서 꽃을 한두 송이 꽂으면 경쾌함이 느껴진다. 절화 영양제를 사용하면 수명이 길어진다.

34
단풍 미나즈키
Minazuki

34 단풍 미나즈키
MINAZUKI

DATA	과명 범의귀과 | 다른 이름 피라미드수국 | 원산지 일본 가지 길이 70~90cm | 꽃송이 길이 40cm 유통 시기 9~11월 | 절화 수명 3~5일

수국속 식물로 큰 원뿔 모양의 꽃송이가 달리는 '나무수국Paniculata Hydrangea'의 원예 품종이 미나즈키입니다. 그 형태로부터 '피라미드수국'이라고도 불립니다. 봄에 싹이 터서 자란 가지 끝의 꽃송이는 초여름부터 개화합니다. 녹색 봉오리는 서서히 새하얗게 변하다가 다시 녹색이 됩니다. 가을이 깊어지면 연분홍색에서 진분홍색, 선홍색으로 변화합니다. 단풍 미나즈키는 단풍이 든 아름다운 상태로 출하하는 것을 가리킵니다. 큰 삼각형 모양을 이룬 뒤 붉게 물들기까지 약 2개월간 재배됩니다.

A B C

시기별로 변화하는 꽃 색상 일본 군마현 등이 주된 산지다. 꽃송이의 길이는 40cm 정도로 거대하다. 계절별로 꽃 색상이 변하며 출하 시기는 한정적이다. A : 초여름의 새하얗고 산뜻한 미나즈키. 절화 수명은 7~10일. B : 연분홍색이 가련한 핑크 미나즈키Pink Minazuki. 9월 중순에만 즐길 수 있다. C : 아름답게 물든 단풍 미나즈키. 쉽게 건조되어 드라이플라워에 적합하다.

꽃이 아니라 꽃받침 꽃잎처럼 보이는 부분은 꽃술이 퇴화한 장식화의 꽃받침이다. 그 때문에 장기간에 걸쳐 색의 변화를 즐길 수 있다.

정원의 모습 정원수로 이용되는 일도 많다. 7월 무렵의 새하얀 꽃(꽃받침)이 10월 하순에는 녹색에서부터 서서히 물들어 간다. 겨울이 되면 낙엽이 진다.

다루는 법 POINT

물은 넉넉히 담기 새하얀 꽃이 피는 초여름에는 높은 유리 화기에 장식해 시원한 느낌을 연출한다. 물을 잘 흡수하므로 물은 넉넉히 담는다. 물올림은 다소 나쁘다.

불필요한 잎 제거 물에 잠기는 아래쪽 잎은 물론이고, 시들기 쉬운 불필요한 잎은 가능한 제거한다. 가지 쪼개기(88쪽 참조)를 하면 물올림이 좋아진다.

송이 사이즈 조절 작은 송이가 모여서 한 개의 큰 송이를 이루므로 너무 클 때에는 작은 송이를 가지째 잘라서 원하는 사이즈로 조절한다.

작은 송이로 나눠서 즐기기 리스 등을 만들 때에는 작은 송이를 더욱 작게 해서 사용한다. 그때도 가지를 자르면 다루기 쉽다.

리스 만들기 생화 상태에서 작은 송이로 나누고, 줄기에 와이어를 감아 덩굴성 리스 베이스에 고정하기만 하면 된다. 이대로 장식해 두면 자연스럽게 드라이플라워가 된다.

35
마가목

JAPANESE ROWAN

찔레꽃 열매 Rose Hip

아이비베리 Ivy-Berry

히페리쿰 안드로새뭄 Tutsan

비부르눔 티누스 Viburnum Tinus

36
열매 소재
FRUIT

청미래덩굴 Catbrier

35 마가목
JAPANESE ROWAN

DATA	과명 장미과	원산지 일본, 한국
	가지 길이 100~200cm	
	유통 시기 9~10월	열매 수명 2주일 전후

일본 홋카이도에서는 마가목을 가로수로 이용합니다. 일본에서는 '나나카마도'라고 불리며 한자로는 '七竈(칠조)'라고 쓰는데, 아궁이에 일곱 번 넣어도 완전히 타지 않을 만큼 단단한 나무라고 해서 이름이 붙었다는 등 이름의 유래에 여러 설이 있습니다. 초여름에 약 1㎝의 흰색 잔꽃이 송이 형태로 개화한 뒤 작은 열매가 달리고, 가을이 되면 열매가 익어서 새빨갛게 됩니다. 붉게 물든 잎도 아름다워서 가을이 찾아왔음을 실감하게 하는 가지 소재입니다. 자연계에서는 낙엽이 진 뒤에도 열매는 나무에 남습니다.

나무의 특징 높이가 6~10m 되는 낙엽 교목이다. 잎이 녹색일 때 열매는 붉게 물들기 시작하고 이윽고 단풍이 든다. 홋카이도 등에서는 그 무렵의 가지를 잘라 가지 소재로 출하한다.

송이 형태로 달리는 열매 가지 끝에 지름 약 5mm의 공 모양 열매가 송이 형태로 모여서 달린다. 열매가 무거워 가지 끝에 한 알씩 늘어지듯이 달려 있다.

열매와 잎의 특징 빨간 열매가 썩지 않고 가지에 남는 이유는 보존료로 알려진 소브산을 포함하고 있기 때문이다. 잎도 아름답다. 날씬하고 끝이 뾰족하며 가장자리에 톱니가 있는 잔잎이 가지에 여러 개 모여서 하나의 잎을 이룬다.

MEMO
유럽에 근연종인 서양마가목이 있다. 영어로는 'rowan'이라고 하는데 북유럽어 'runa'가 어원이고, 부적이라는 의미다. 북유럽 신화에서는 천둥의 신 토르가 대홍수로 물에 빠질 뻔했을 때 마가목을 잡아 목숨을 건졌다는 전설이 있다. 또한 마가목으로 십자가를 만들어 부적으로 삼았다는 유럽 각지의 풍습 등에서 '나는 당신을 지킨다'라는 꽃말도 있다.

다루는 법 POINT

절단면에 가지 쪼개기 물올림은 다소 나쁘다. 가지 밑동에 가위집을 내서 절단면을 벌리면, 흡수 면적이 넓어져 물이 고루 전달된다. 전정가위를 사용한다.

묵직한 화기에 장식 가지 끝에 열매를 많이 맺으므로 윗부분이 무거워진다. 쓰러지지 않게 묵직하고 높이가 있는 화기를 선택하면 좋다. 물은 넉넉히 담는다. 잎은 쪼그라지기 쉽다.

드라이플라워로 즐기기 잎은 금방 쪼그라지지만, 열매는 익어도 잘 떨어지지 않으므로 드라이플라워에 적합하다. 매달아 두면 아름다운 드라이플라워가 되고, 접시에 올려놓기만 해도 근사하다.

36 열매 소재
FRUIT

절화 중에는 식물의 열매나 종자(씨앗)를 감상하는 '열매 소재'가 있습니다. 크기가 다양한 둥근 모양은 사랑스럽고 어쩐지 유머러스합니다. 빨간색, 검은색, 녹색 등 색상이 다채롭고 화려한 종류도 있습니다. 꽃보다도 단단해 다루기 쉬우며 오래 감상할 수 있다는 점도 매력입니다. 계절에 따라 구할 수 있는 열매 소재가 달라지므로 사계절을 느끼고 즐길 수 있는 화재입니다.

찔레꽃 열매
ROSE HIP

DATA
과명 장미과 | 원산지 북반구
가지 길이 70~100cm
유통 시기 8~12월
열매 수명 2주일 전후

줄어들지 않는 빨간색 열매 덜 익은 녹색과 주황색의 열매는 건조되면 줄어들기 때문에 리스로 만들 때는 빨간색 열매가 좋다.

잎이 떨어진 가는 가지에 1cm 전후의 열매가 달린다. 8~9월에는 녹색, 10~12월에는 주황색에서 빨간색으로 익은 열매가 유통된다. 가시가 있는 품종도 있다. 야생종은 덩굴성인데, 열매가 잘 열리는 목립성(기둥 없이도 자립)은 원예종이다.

아이비베리
IVY-BERRY

DATA
과명 두릅나무과 | 원산지 북아프리카 등 | 가지 길이 30cm 전후 | 유통 시기 1~3월, 10~12월 | 열매 수명 2주일 전후

높이가 있는 화기에 장식 덩굴성인 데다 열매도 처지므로 높이가 있는 화기에 장식하면 좋다. 흰색 화기에 장식해 색의 대비를 즐겨도 좋다.

매트한 질감의 검은색 열매가 방사형으로 모여서 덩굴성 아이비의 가지 끝에 매달리듯이 달린다. 초여름의 열매는 녹색이지만, 점점 파랗게 되어서 마지막에는 새까맣게 변한다. 일본산은 양이 적지만 1~3월에 유통된다. 드라이플라워도 된다.

비부르눔 티누스
VIBURNUM TINUS

DATA
과명 인동과 | 원산지 남유럽
가지 길이 30cm 전후
유통 시기 1~2월, 9~12월
열매 수명 1주일 전후

절단면에 가지 쪼개기 비부르눔 스노볼Viburnum Snowball(66쪽 참조)과 같은 속이다. 물올림은 좋지 않은 편이므로 가지 쪼개기를 하면 좋다.

붉은빛을 띤 가지 끝에 윤기가 있는 작은 열매가 위를 향해 달린다. 색상은 차츰 짙어지며 진한 남색의 열매는 '푸른 진주'라고도 불린다. 드라이플라워가 된다. 두툼하고 탄탄한 상록성 잎도 아름답다.

청미래덩굴
CATBRIER

DATA
과명 백합과 | 원산지 일본, 중국 등 | 가지 길이 70~80cm
유통 시기 5~12월
열매 수명 2주일~1개월

리스 만들기 가시가 있으므로 가위로 제거하고, 구부러진 마디를 이용해 줄기에 감으면서 둥글리면 예쁜 원형이 된다.

마디마다 구부러진 덩굴성 가지에는 가시가 있고 다른 식물에 얽혀서 생장한다. 초여름에 녹색 열매가 달리고 가을이 되면 빨갛게 물든다. 열매는 잘 쪼그라들지 않아 드라이플라워로도 즐길 수 있다. 여름에는 잎이 달린 상태로 유통되기도 한다.

히페리쿰 안드로새뭄
TUTSAN

DATA | 과명 물레나물과 | 원산지 북아메리카, 유럽 | 가지 길이 60~70cm | 유통 시기 연중 | 열매 수명 1~2주일

원종은 열매가 빨간색이지만 현재는 녹색, 분홍색, 크림색 등 색상 종류가 늘었고 크기도 다양하다. 방사형으로 갈라진 가지 끝에 열매가 달렸고, 그 아래쪽에는 녹색의 둥근 꽃받침이 달려 있다. 가을에는 단풍이 든 잎 소재도 유통된다.

주로 유통되는 품종 A : 크림색의 화이트 콘도르White Condor. B : 녹색의 그린 콘도르Green Condor. C : 연분홍색의 허니 플레어Honey Flair. D : 새빨간 매지컬 패션Magical Passion.

절단면에 가지 쪼개기 물올림이 좋다. 가지 쪼개기가 효과적이다. 잎이 많으면 솎아 낸다.

드라이플라워로 즐기기 색이 짙은 품종이 예쁘게 마른다.

37
유칼립투스
Eucalyptus

둥근잎 유칼립투스 丸葉ユーカリ

포폴루스 Popolus

37 유칼립투스
Eucalyptus

DATA | 과명 도금양과 | 원산지 오스트레일리아
가지 길이 80〜100㎝
유통 시기 연중 | 절엽 수명 10〜14일

청량감이 있는 향과 은빛을 띤 아름다운 잎 색깔이 특징입니다. 약 700종이나 되는 오스트레일리아 원산의 상록수로, '둥근잎 유칼립투스丸葉ユーカリ' 등 여러 종류가 절엽으로 유통됩니다. 코알라의 먹이가 되는 종류는 약 40종으로 절엽과는 다른 종입니다. 예로부터 항균, 항바이러스 작용을 가진 허브로 활용되어서, 오스트레일리아 원주민 애버리지니(aborigine)는 상처 소독이나 가려움과 기침을 멎게 하는 등에 사용했습니다. 독특한 냄새가 나므로 많이 장식하면 신경 쓰일 수 있습니다.

대표적인 절엽 잎의 크기, 형태도 가지각색이다. **A** : 가늘고 긴 하트 모양의 잎이 사랑스러운 포폴루스Popolus. 가지 끝에 달린 것은 봉오리. **B** : 흰색 가루가 붙은 듯한 은빛 잎이 매력인 긴세카이銀世界. **C** : 둥근 잎 2장이 마주 보며 달리는 둥근잎 유칼립투스丸葉ユーカリ. 잎은 두툼하다.

꽃받침을 즐기는 품종 열매처럼 보이지만 건조로부터 자기 몸을 지키기 위해 봉오리가 꽃받침에 싸인 상태다. 자연계에서는 실제로 꽃이 핀다. **D** : 열매 같은 꽃받침이 주렁주렁 달린 토렐리아나Torelliana. **E** : 청동색 꽃받침이 개성적인 테트라고나Tetragona.

다루는 법 POINT

아래쪽 잎은 손으로 제거 물올림이 좋다. 물에 잠기는 아래쪽 잎은 제거한다. 손으로 당기면 간단히 제거되지만 잎에 포함된 오일이 묻어서 끈적일 수 있다.

드라이플라워 만들기 매달아 두기만 하면 예쁜 드라이플라워가 된다. 마르면 색이 약간 칙칙해진다. 리스 등으로 해서 장식해 두면 자연스럽게 드라이플라워가 된다.

드라이플라워로 즐기기 드라이플라워에 적합한 화재만을 묶어 만든 코르사주(제작은 생화 상태에서)이다. 가지 밑동을 리본이나 천으로 감싸면 완성이다.

다양하게 즐기는 법

Bouquet

Arrangement

인테리어에 포인트를 주는 드라이플라워 꽃다발입니다. 가방에 쏙 넣으면, 벽에 걸거나 바닥에 두는 등 좋아하는 장소에 장식할 수 있습니다. 가방 소재나 색상 선택이 근사하게 보이도록 하는 비법입니다.

사용한 화재 / 유칼립투스 2종(포폴루스 Popolus, 둥근잎 유칼립투스 丸葉ユーカリ), 방크시아 Banksia

유칼립투스만을 꽂은 시원스러운 장식입니다. 회녹색 잎이 흰색 화기와 벽에 아름답게 잘 어울립니다. 청량감이 있는 향도 어레인지먼트의 매력 중 하나입니다. 물을 담지 않고 장식하면 그대로 드라이플라워도 됩니다.

사용한 화재 / 둥근잎 유칼립투스 丸葉ユーカリ

38
포피
Poppy

아이슬란드포피 Iceland Poppy

38 포피
POPPY

DATA	**과명** 양귀비과	**원산지** 북반구
	풀길이 30~50cm	**꽃 지름** 6~10cm
	유통 시기 1~4월, 11~12월	**절화 수명** 3~5일

세계에 약 150종이 있는 양귀비과 식물을 총칭해 '포피'라고 부릅니다. 모르핀을 추출할 수 있는 품종은 기원전부터 마취 약 등에 사용되었습니다. 현재는 모르핀을 포함하지 않는 품종이 원예 품종으로 재배되고, 절화로서 일반적으로 유통되는 것은 '아이슬란드포피Iceland Poppy'입니다. 잎은 가는 줄기 밑동에서 나오므로 절화에 잎은 달려 있지 않습니다. 종이 세공품 같은 꽃은 색상이 풍부하고 주로 여러 색을 섞어서 다발로 판매하기 때문에 일종꽃이를 가볍게 즐길 수 있습니다.

꽃의 질감이 독특 바탕이 오글쪼글한 종이와 비슷한 섬세한 꽃잎이 특징이다. 꽃잎 4장으로 이뤄진 홑꽃형이 기본이다. 중앙의 노란색 꽃술은 크게 두드러지며 비비드한 꽃 색상과 대비를 이루어 아름답다.

검은색 솜털로 뒤덮인 봉오리 줄기와 마찬가지로 봉오리 전체도 검은색 솜털로 뒤덮여 있고 꽃 색상은 보이지 않는다. 고개를 숙이고 있던 봉오리가 고개를 들어 꽃잎을 보이면, 금세 꽃이 개화한다. 그 모습이 매우 드라마틱하다.

아이슬란드포피 절화로 유통되는 품종이다. 빨간색, 주황색, 분홍색, 노란색, 흰색 등 발색이 좋은 꽃 색상은 어느 것이나 다 생기가 넘친다. 기본은 홑꽃형이지만 겹꽃형도 있다.

다루는 법 POINT

MEMO

주된 절화 품종은 아이슬란드포피지만, 단 경기에 소량이나마 유통되기도 하는 품종을 소개한다. ① 숙근양귀비라는 이름으로 유통되는 오리엔탈양귀비Oriental Poppy. 새먼핑크색, 연붉은색, 흰색 등 꽃 색상이 풍부하고 5~6월에 10~20cm의 대륜 꽃이 핀다. 꽃도 크고 풀길이도 긴 품종이다. ② 개양귀비라는 이름으로 유통되는 셜리 포피Shirley Poppy. 개화기는 4~5월이다. 노지 재배를 하여 사용하는 것이 중심이다. ③ 히말라야푸른양귀비라고 불리는 베토니키폴리아Betonicifolia. 중국 남서부부터 히말라야의 산악 지대에 걸쳐 자생하는 투명감이 있는 파란색 꽃은 여름에 피고, 환상의 꽃이라고 할 만큼 귀하게 여겨진다.

물 담는 통을 사용하기 119쪽 사진처럼 물이 샐 우려가 있는 앤티크 화기 등을 사용할 때에는 '물 담는 통(여기서는 유리병)'을 준비해 물을 담은 뒤 앤티크 화기 안에 넣어 꽃을 장식한다. 이 방법이면 장식할 화기를 가리지 않는다.

물은 적게 담기 물올림이 매우 좋다. 물관이 막히기 쉬우므로 물은 적게 담는다. 물을 갈 때 줄기를 재절단하는 일을 잊지 않는다. 줄기의 휜 모양도 매력 중 하나이므로 줄기가 보이는 상태로 장식하면 좋다.

다양하게 즐기는 법

ARRANGEMENT

자유분방하게 곡선을 그리는 포피의 줄기를 살린 초봄의 꽃 장식입니다. 팔랑거리는 꽃잎을 가진 스위트피와 마주 보며 이야기를 나누는 것 같습니다. 모양이 다른 프리틸라리아와 라일락을 곁들이니 어른스러운 분위기를 풍깁니다.

사용한 꽃 / 포피, 스위트피Sweet Pea, 라일락Lilac, 프리틸라리아Fritillaria

39
히아신스
HYACINTH

39 히아신스
HYACINTH

DATA | 과명 백합과 | 원산지 지중해 연안~서아시아
풀길이 15~25cm | 꽃이삭 길이 6~8cm
유통 시기 1~5월, 11~12월 | 절화 수명 1주일 전후

18세기 네덜란드에서 튤립에 이어 사람들이 열광한 알뿌리 식물입니다. 야생종은 파란색 홑꽃이지만 품종 개량이 활발히 진행되어 보라색, 흰색, 노란색 등 많은 원예종이 생겼습니다. 지금은 꽃의 색상이 더욱 다채로워졌으며 겹꽃종도 유통되고 있습니다. 독특하고 강한 방향은 향료의 원료로 애용되었습니다. 히아신스는 그리스 신화에 나오는 미소년 히아킨토스가 흘린 피에서 핀 꽃이라고 해서 붙여진 이름입니다.

아래쪽부터 피는 꽃 꽃은 아래쪽부터 차례로 개화하므로 구입할 때에는 윗부분이 봉오리 상태인 것을 고르면 오래 즐길 수 있다.

수경 재배가 수월 12월 무렵 알뿌리의 바닥이 물에 잠기지 않을 정도로 물을 담고 난방을 하지 않은 어두운 곳에 둔다. 그리고 뿌리를 뻗어 발아하면 볕이 약간 드는 장소로 옮긴다.

꽃 색상이 풍부하고 겹꽃종도 유통 주렁주렁 달리는 작은 종 모양 꽃은 사랑스럽고 색상도 다양하다. 두툼한 꽃의 끝은 6개로 갈라져 있고 뒤로 젖혀져 핀다. A : 살구색 꽃의 끝부분이 녹색인 신기한 품종이다. B : 맑은 노란색은 상쾌한 인상을 준다. C : 연분홍색 등 파스텔 색조도 등장했다. D : 꽃잎이 겹쳐 있는 겹꽃종은 화려하다.

다루는 법 POINT

잎 재배열 물올림이 좋다. 밑동을 자르면 잎은 꽃이 달린 줄기에서 벗겨지므로, 잎과 줄기의 방향을 맞춰 화기에 꽂으면 자연스럽다.

다 핀 꽃은 제거 아래쪽부터 개화하므로 아래쪽의 다 핀 꽃을 손으로 제거하면 꽃 모양새가 흐트러지지 않고 오래 즐길 수 있다.

얕은 물에 꽂고 물을 자주 교체 줄기가 썩기 쉬우므로 물은 적게 담고 자주 갈아 준다. 절화라도 줄기는 계속 자라 구부러지는 일도 많으므로 높이가 있는 화기에 장식하면 아름다운 모습을 유지할 수 있다.

포트 모종을 활용 포트 모종이 쏙 들어가는 화기를 준비해서, 이끼로 전체를 덮은 분화 어레인지먼트이다. 분갈이하는 수고도 덜 수 있다(완성은 123쪽 참조).

다양하게 즐기는 법

Bouquet

Arrangement

보라색 히아신스에 순백색의 작은 수선화를 더해 러프하게 묶으면 부드러운 분위기의 부케가 완성됩니다. 아이비 한 대를 포인트로 곁들여 초봄의 상쾌한 향도 함께 전해 봅니다.

사용한 화재 / 히아신스, 수선화(페이퍼 화이트Paper White), 아이비Ivy

흰색으로 통일하면 캐주얼한 인상의 히아신스도 차분한 분위기가 납니다. 제작법은 간단해서 포트 모종째 화기에 넣고 이끼로 덮기만 하면 됩니다(122쪽 다루는 법 POINT 참조). 이끼가 마르면 물을 주라는 신호입니다. 밝은 창가에 장식해 즐겨 봅니다.

40
수선화
Narcissus

a 테이트어테이트 Tete-A-Tete

b 아이스 폴리스Ice Follies / c 딕 윌든Dick Wilden / d 페이퍼 화이트Paper White / e 포춘Fortune
f 가든 자이언트Garden Giant / g 방울수선화Chinese Sacred Lily / h 기부사스이센黃房水仙 / i 핀자Pinza

40 수선화
Narcissus

DATA | **과명** 수선화과 | **원산지** 지중해 연안, 북아프리카
풀길이 30~60cm | **꽃 지름** 2~8cm
유통 시기 1~4월, 10~12월 | **절화 수명** 5일 전후

늘씬한 모양새가 인상적인 봄을 알리는 알뿌리 꽃입니다. 일본에서 수선화라고 하면 예로부터 자생하던 '방울수선화Chinese Sacred Lily'를 가리킵니다. 눈 속에서 꽃이 피어나므로 '설중화'라고도 부르며, 늠름하고 아름다워 정월의 축화로도 자주 사용됩니다. 이에 비해 유럽 태생의 서양 수선화는 화려합니다. 품종 개량이 활발히 진행되어 원예 품종은 2만 종 이상에 달합니다. 꽃이 피는 방식은 크게 두 가지인데, 한 줄기에 한 송이의 꽃이 달리는 나팔수선화 계통과 여러 개의 작은 꽃이 달리는 방울수선화 계통이 있습니다.

꽃의 구조 꽃잎 안쪽 중앙에 있는 컵 형태의 부분을 '부화관'이라고 부른다. 부화관의 길이는 품종에 따라 다르다. 사진은 노란색 꽃잎과 주황색 부화관의 대비가 아름다운 가든 자이언트Garden Giant.

유통량이 풍부한 품종 유통 시기는 품종별로 다르다. 방울수선화는 주로 12~1월이고, 서양 수선화는 2월 무렵부터가 유통 절정기다. 모든 부분에 독이 있으므로 먹지 않도록 주의한다. **A** : 방울수선화Chinese Sacred Lily. 산뜻하고 달콤한 향도 매력이다. **B** : 균형이 잡힌 모양새가 아름다운 포춘Fortune. 꽃 지름 10cm의 대륜. **C** : 겹꽃형으로 화려한 딕 윌든 Dick Wilden. **D** : 방울수선화 계통의 새하얀 꽃이 아름다운 페이퍼 화이트Paper White. 꽃 지름은 3cm 정도이고 방향도 난다.

다루는 법 POINT

절단면에서 나오는 점액 물올림이 매우 좋다. 줄기를 자르면 절단면에서 점액이 나오므로 씻어 낸다. 장식할 때 물은 적게 담아도 괜찮다.

잎과 줄기 합치기 수선화는 길이를 짧게 하면 꽃의 줄기와 잎이 떨어져 분리된다. 꽃의 줄기와 잎을 겹쳐서 자연스러운 모습으로 재배열하면 아름답게 장식할 수 있다.

ARRANGEMENT

새하얗고 청아한 페이퍼 화이트를 한가득 꽂았습니다. 꽃다발을 끈으로 묶은 다음, 화기에 넣기만 하면 되므로 간단합니다. 같은 색 화기에 심플하게 장식하면 들판의 활기찬 기운이 넘치는 멋진 꽃 장식이 됩니다.

사용한 꽃 / 수선화(페이퍼 화이트Paper White)

Gift idea

알뿌리가 달린 꽃은 사랑스럽고 수명도 깁니다. 뿌리와 알뿌리를 사방 10~15㎝의 종이로 부드럽게 싸면 작은 선물이 만들어집니다. 또한 물을 담은 유리 화기에 꽂기만 하면 멋스럽게 오래 즐길 수 있습니다.

사용한 꽃 / 수선화 3종(테이트어테이트Tete-A-Tete, 아이스 폴리스Ice Follies, 딕 윌든Dick Wilden)

마스다 유키코 지음

아틀리에 '에프 플러스(f plus)'를 운영하는 프리랜서 플라워 스타일리스트. 잡지 등에서 '일상의 꽃'을 제안. 플라워 레슨 외에 화기와 조명 제작 등 폭넓게 활동하고 있습니다. 개인적으로 장식하는 꽃의 사진을 인스타그램 계정 'nonihana_'에 올리고 있으며, 전 세계에 27만 명이 넘는 팔로워가 있습니다. 지은 책으로는 《꽃 한 송이부터 근사하게 장식하는 첫 플라워 레슨》, 《일상에 어울리는 꽃》 등이 있습니다.

인스타그램 nonihana_
홈페이지 http://fplus.s2.weblife.me

배혜영 옮김

성신여자대학교 일어일문학과를 졸업했습니다. 출판사 편집자로 일하고 일본 어학연수 후 '바른번역 아카데미'의 일본어 번역가 과정을 수료했습니다. 지금은 출판번역 회사 '바른번역'의 회원으로 활동하고 있습니다. 옮긴 책으로는 〈행복한 자수 여행〉 시리즈와 《봄·여름·가을·겨울 꽃자수 187》, 《초크보이 패션 자수》, 《꽃과 귀여운 자수》, 《봄·여름·가을·겨울 자수 다이어리》, 《동화 속 이야기 자수》 등이 있습니다.

일본어판 스태프

아트 디렉션·디자인 | 아마노 미호코
촬영 | 후지오카 유키코
구성·글 | 야마모토 히로미
교정 | 오노다 기요미
DTP제작 | 덴류샤

참고 문헌

《꽃집의 화재를 전부 알 수 있는 어레인지먼트 꽃 도감》, 세카이분카샤
《알고 싶은 221종 꽃집의 '꽃' 도감》(최신판), KADOKAWA
《마음과 삶에 색채를 더하는 사계절 꽃 도감》, 다카라지마샤
《꽃 이름, 품종, 색상으로 찾는 절화 도감》, 야마토케이코쿠샤

일상을 아름답게 장식하는
꽃 도감

1쇄 – 2018년 10월 16일
3쇄 – 2022년 11월 25일
지은이 – 마스다 유키코
옮긴이 – 배혜영
발행인 – 허진
발행처 – 진선출판사(주)
편집 – 김경미, 최윤선, 최지혜
디자인 – 고은정, 김은희
총무·마케팅 – 유재수, 나미영, 허인화
주소 – 서울시 종로구 삼일대로 457 (경운동 88번지) 수운회관 15층
    전화 (02)720-5990   팩스 (02)739-2129
    홈페이지 www.jinsun.co.kr
등록 – 1975년 9월 3일 10-92

*책값은 뒤표지에 있습니다.

ISBN 978-89-7221-571-4 13630

KURASHIWO UTSUKUSHIKU KAZARU HANAZUKAN by Yukiko Masuda
Copyright ⓒ Yukiko Masuda 2017
All rights reserved.
Original Japanese edition published by Ie-No-Hikari Association

Korean translation copyright ⓒ 2018 by JINSUN PUBLISHING CO., LTD.
This Korean edition published by arrangement with Ie-No-Hikari Association, Tokyo,
through HonnoKizuna, Inc., Tokyo, and Botong Agency

이 책의 한국어판 저작권은 보통에이전시를 통한 저작권자와의 독점 계약으로 진선출판사가 소유합니다.
신 저작권법에 의하여 한국 내에서 보호를 받는 저작물이므로 무단전재와 무단복제를 금합니다.